U0518053

远程工作革命

[美] 罗伯特·格雷泽
（Robert Glazer） 著
李莎 译

How to Thrive
in the Virtual Workplace：

Simple and Effective Tips for Successful，
Productive，and Empowered Remote Work

工作革命

中信出版集团 | 北京

图书在版编目（CIP）数据

远程工作革命：简单有效的远程工作原则与方法 /
（美）罗伯特·格雷泽著；李莎译 . —北京：中信出版
社，2021.10
书名原文：How to Thrive in the Virtual
Workplace
ISBN 978-7-5217-3506-2

I. ①远… II. ①罗… ②李… III. ①企业管理
IV. ① F272

中国版本图书馆 CIP 数据核字（2021）第 181841 号

远程工作革命——简单有效的远程工作原则与方法
著者： ［美］罗伯特·格雷泽
译者： 李莎
出版发行：中信出版集团股份有限公司
　　　　　（北京市朝阳区惠新东街甲 4 号富盛大厦 2 座　邮编　100029）
承印者：北京诚信伟业印刷有限公司

开本：880mm×1230mm 1/32　　　印张：8　　　字数：128 千字
版次：2021 年 10 月第 1 版　　　印次：2021 年 10 月第 1 次印刷
京权图字：01–2021–3480　　　书号：ISBN 978–7–5217–3506–2
定价：56.00 元

本书所获赞誉

一份及时、实用、信息丰富的远程工作有效技术指南，有利于职场人士和商科学生。强烈推荐。

——《图书馆杂志》

格雷泽在这本简洁的指南中对远程办公这种看似被迫选择的趋势迅速成为普遍现实提供了积极的展望。

——《书单》

罗伯特·格雷泽总结出一本打造顶级组织所需的重要策略手册，远程领导者和员工必备。这本书内容全面，可以助力构建正确的文化基础，有效招聘，并能确保远程工作中的卓越表现。

——杰夫·斯玛特博士，ghSMART 董事长，《纽约时报》畅销书《聘谁》《全功率团队》作者

罗伯特·格雷泽是世界一流的价值观驱动远程组织的领导者，他分享了重要的策略手册，帮助员工、管理者和领导者在远程工作的新领域追求卓越，获取成功。

——加里·里奇，WD-40 公司首席执行官

罗伯特·格雷泽已具有十多年卓越远程组织的管理经验。通过这本

书，他分享了创建世界一流远程公司的秘诀。

——基思·法拉奇，《纽约时报》畅销书

《别独自用餐》作者

想在远程工作领域脱颖而出？这是一本必读指南。罗伯特·格雷泽分享了诸多策略，帮助领导者和员工解锁远程工作变革的可能性。

——艾查·埃文斯，无人驾驶汽车公司 Zoox 首席执行官

作者是远程工作领域的开拓者，工作极为出色。本书对于组织如何既能迎接远程工作的灵活性，同时保持健康发展与联系的可持续性，具有宝贵的指导价值。极具实用性，并且鼓舞人心。

——卡罗琳·韦布，《如何度过美好的一天》作者，

麦肯锡咨询公司资深顾问

《远程工作革命》的核心理念和微软在"后疫情时代"所倡导的"混合办公模式"不谋而合，也就是以数字办公现代化为基础，以打造员工体验和生产力为核心，以加速企业全面数字化转型为目标的极致灵活与智能化的办公模式。在微软，远程与混合办公模式已经成为新的工作习惯，同时我们也在不断地帮助更多的合作伙伴与客户抓住远程工作革命中的新机遇，从被动应对变化到主动拥抱变革，在转型过程中打造一流的生产力。

——崔洁，微软大中华区 M365 产品事业部总经理

目录

第二部分

成功指南：管理篇

推荐序　一本鼓舞人心的书

姚琼，OKR 教练，著有《每个人的 OKR》《OKR 使用手册》

2020 年突发的新冠疫情，让很多职场人士实实在在体验了一把远程办公。时间指针转到今年，后疫情时代，此起彼伏的疫情零星在全国发生，远程办公进一步常态化地渗透到我们身边大大小小的企业中。无论是新兴的互联网公司，还是传统企业，远程办公正在成为当前常见的工作模式之一。我近 5 年在国内推广 OKR 目标管理方法，也是在疫情暴发后开始关注和研究远程办公，我认为 OKR 的敏捷目标管理方法可以帮助管理者实现更好的远程办公管理。

很多成长于数字时代的"新新人类"，在体验过远程办公的好处后，一致认定远程办公是最好的工作模式。因为他们想享受的不只是搬离市中心，到空气新鲜的郊区去工作和生活的"红利"，他们更大的野心是利用远程办公的便利性周游世界，积累珍贵的人生体验，同时还能在优秀的企业中拥有一份全职工作。

如今，摆在企业管理者面前的问题，已从最初的惶恐不安，变成了怎么做才能在远程工作领域脱颖而出。在我看来，这种转变是组织再变革发出的先声。

罗伯特·格雷泽的这本《远程工作革命》，可以帮助大家在远程工作中真正做到如鱼得水。我相信，无论是作者的资历，还是书中经过实践检验、鼓舞人心的实用性内容，都能对大家有所帮助。

作者是一本书的灵魂。本书作者罗伯特·格雷泽是美国加速伙伴营销公司的创始人、首席执行官，在他的带领下，该公司早在 2007 年创办时，就已经开启了员工 100% 远程办公模式。作为远程工作领域的开拓者，此后不久，他和团队将公司愿景描述为——改变工作和生活范式。远程工作就是工作和生活兼得的新范式。

10 年后的 2017 年，当罗伯特·格雷泽带领加速伙伴营销公司向英国扩张时，他最担心的是，远程办公不太容易被英国潜在的客户和员工接受，因为毕竟两国文化差异很大。最后，他们笨拙地使用了一个折中方案：在英国为员工租用灵活的线下办公空间。结果有趣的事情发生了：几个月后，英国团队几乎没有人再使用线下办公空间。他们都迅速地适应了远程模式，居家工作成了他们的首选。如果说这是一个典型的"如鱼得水"的案例，那么，我们接下来要思考的是，在我们即将开启的远程工作中，如何做才能更高效？这些内容，包含在作者分享的远程工作的理念、步骤和流程的最佳实践中。

本书先从员工层面开始，探讨远程工作得有清晰的目标。全员更聚焦、更专注于公司/团队的目标，这是远程办公的关键，有一通百通之功效，也是在无人监管情况下，员工最强大的工作自驱力。而我倡导的OKR，正好可以在目标管理上提供工具和方法论的支持。大家可以参考我撰写的《OKR使用手册》，继续补充学习如何借助OKR做好团队协同和目标管理，帮助个人和团队达成组织目标，哪怕大家不在一起办公。

本书接着从组织策略进行探讨，提出了文化先行的理念，以此帮助企业管理者创建一流的远程文化。这其中包括理解顶级远程文化是什么，以及好的文化基础如何促进和支撑远程工作。

对于一个好的组织而言，文化不应只是一串粘贴在墙上的流行语，而应是一种健康、员工参与度高的文化。作为企业管理者，你必须投入时间和精力去思考会经常被问到的一个问题：当员工居家办公时，你怎么确定员工是否完成了工作任务？答案是，在远程工作的文化中，理念必须清晰、易于理解，以便员工在无人监督的情况下能够使用这些理念来指导他们的决策和行动，提高工作效率。这些决策和行动背后，是清晰、透明的公司目标和支撑公司目标的个人目标。我推荐的 OKR 目标管理方法，是真正通过员工的自我管理来支持企业创新与团队协作的好工具。

书中一个案例的主角韦尔史密斯感悟道：如果远程办公时，员工总怀有一种感恩的意识，总觉得自己必须做好这份工作，而且越来越擅长制订工作计划和自我管理，那么，远程工作革命的风暴袭来，又何足惧？

紧接着，本书深入探讨了适用于远程工作的具体策略。值得特别指出的是，管理者必须要清晰地看到，远程工作会放大组织基本要素的优势和劣势。这个放大器揭示了你所在组织的全貌，以及组织成员的能力范围。

拥抱远程工作，管理者的重要职责之一，是帮助团队成员适应居家办公。我们要想象得到这样的画面：远程办公的员工独自坐在电脑前，茫然四顾不知该做什么，也不知该从哪里开始；整个人被沮丧感袭击，整个上午的时间就这样白白浪费了。所以，花些工夫学习提升远程办公的方法和技巧十分必要，包括学会使用各种便捷的在线办公和沟通软件。即使在远程工作状态下，企业管理者对员工培训和目标管理也不能放任不管。管理者必须根据企业的核心价值观、季度目标和核心工作职责对员工进行具体评估，以确定这些员工是否达成了目标。

从本质上来讲，远程工作的秘诀很简单：员工要有责任心，自律，敬业；员工之间相互信任；公司具备完善的办公流程、资源支持以及良好的企业文化。

畅想未来工作场景，远程工作是一种趋势。如果将这场变革置于更广阔的人生旅程之中，确实是一道不错的新风景。用这样的心态拥抱变革，远程工作这件事，对你的生活、工作或人生，会生发出新的意义。

最后，对刚开始尝试远程工作、想小步试错的企业来说，本书作者提出的"枢纽模式"解决方案或许是不二之选。该模式参考的是航空业的常规策略，为远程工作创建了一个枢纽网络，一个地点聚集几名或十几名员工办公。枢纽选址一般是在距离主要机场大约一个小时车程的地方，以便互访和联系。这种模式不但缩小了远程工作和办公室工作之间的差异，还被誉为创立世界一流远程文化的秘密武器之一。

未来已来！我期待和大家一起学习先进的远程工作经验，如果你想对远程工作的未来发展有更多了解，并想在远程工作中做到如鱼得水，请从阅读这本书开始吧！

前言

　　2017 年，我们加速伙伴营销公司（Acceleration Partners）做出了向英国扩张的决定。我们的领导团队和新任董事总经理面临的一个关键决定是，我们如何以及是否能够将我们的远程工作政策推广到该地区。这项政策在我们的美国员工中已经实行了十多年，并已成为我们屡获殊荣的企业文化的基础。

　　当时，英国居家办公的情况比美国还少见，因此我们的新任董事总经理担心远程办公不太容易被潜在的客户和员工所接受，这点也是可以理解的。

　　对于在加入我们团队后首次尝试远程工作的员工，我们的感受是，他们适应的速度非常快。然而，我们也明白，打入新市场时，如果工作风格违背了传统的文化规范，就会面临风险。最终我们达成了一个折中方案：为不断壮大的团队保留一个灵活的办公空间，让他们能够面对面工作及与潜在的客户见面。

然后有趣的事情就发生了：几个月后，英国团队几乎没有人使用灵活办公空间。尽管远程工作对该地区的所有员工来说都是新鲜体验，但他们都迅速地适应了，很快居家工作就成了他们的首选。几位英国团队成员兴高采烈地分享他们对于能够避免日常通勤的感激之情，并表示他们无法想象自己再回到全职的办公环境。

我们在全球扩张经验中的收获，许多组织在向远程工作过渡的过程中也发现了。一些从未体验过远程工作的人错误地认为，远程工作在他们的组织中站不住脚，尽管远程工作并非适合所有人，但事实是，正如许多人逐渐认识到的那样，远程办公可行性很强。

公开的秘密

多年来，远程工作的势头越来越猛，从边缘业务策略升级为员工和组织都乐于采用的模式，这其中不乏大型知名组织。

即使在过去的十年里，远程工作也备受误解。没有远程工作经验的人会想象远程员工很懒散，他们会穿着睡衣懒洋洋地闲逛，工作日里会长时间地休息。

这不仅让潜在员工对居家工作产生担忧，客户和顾客也会十分警惕。公司创立早期，我们承受着特别大的压力，我们需要很努力地证明，即使没有现场办公室，我们也能提供一流的服务。有些远程组织甚至认为有必要向客户隐瞒没有现场办公室的情况，这样会显得更加可信。

但时过境迁，这种职场模式不再是不可告人的了。拥有远程工作环境的组织更乐于与客户公开分享这种做法，并将其视为吸引最优秀人才的新兴竞争优势。

美国引领了远程工作革命，过去五年里远程工作增长了44%，过去十年里增长了91%。[1] 然而，即使在2020年新型冠状病毒肺炎疫情席卷全球、迫使几乎所有组织都过渡到远程工作之前，这一趋势就已经开始在其他国家流行。尽管对该转变的经验和准备都有限，但相当多的组织发现，大多数情况下，他们能够照常开展业务。许多持怀疑态度的员工也发现远程工作远比预期的要好得多。

通勤危机

早在新冠疫情之前，办公室工作的弊端就愈加明显。2019年，美国工人的平均通勤时间为225小时，即9天，通勤时间在过去 40 年里稳步上升。[2] 英国的平均通勤时间为单程 59 分钟。[3]
在印度，每天通勤时间为两个多小时，[4] 这相当于每天上下班
时间的 7%！

　　无论人们工作地在世界何处，通勤的时间都在变长。房价
持续上涨的地区更是如此。为了拥有一个负担得起的家，大多
数工人不得不接受更远的上班路程。

　　在大多数办公室组织中，办公室环境并不能缓解压力和减
轻挫折感。从生产率的角度来看，过去十年中，著名的开放式
办公室的实验不断被拆穿。《卫报》的一项研究发现，开放式
办公室的员工平均每天会因为分心而损失 86 分钟，相比传统
办公室的员工请病假的概率高出 70%，并且早退率更高。[5] 这
就造成了一种现状，即员工上下班的时间比以往任何时候都多，
而在上班期间完成的工作量却更少了。

　　这种趋势既不正面也没有成效，这就是为什么当世界各地
数百万工人突然被迫居家远程工作时，大多数员工远比雇主预
想的要更乐于接受远程模式。尽管新冠疫情在全球范围内引发
了历史上最大规模的远程工作实验，然而，我们有充分的理由
相信这种居家办公的新现实将继续下去。像推特（Twitter）这
样的大型公司已经告知员工，如果他们不想返回办公室，他们
就不必返回。[6] 此外，我相信那些能够在远程工作场所建立繁

荣文化的组织将成为未来的引领者，并将吸引最优秀的人才。

竞争优势

我在 2007 年创办加速伙伴营销公司时，让员工 100% 远程办公的决定最初是为了先发制人、解决人才招聘的痛点。

我们公司致力于做数字营销，一般被称为联盟营销或合作伙伴营销。在这种模式下，品牌与个人或公司合作，并根据业绩是否达到预期结果支付报酬。该业务领域在过去的十年里有了大幅增长，但在当时还比较小众，人才少且比较分散。

我们当时想要获得该行业大量的客户及配套的经验丰富的客户经理，这些人才分散在全国各地。任何单一城市都无法提供充足的经验丰富的联盟项目管理人才。所以，我们认为远程工作可作为权宜之计，但结果是我们享受了远程工作为公司带来的竞争优势和灵活性，我们的员工也是如此。

构建团队时，为摆脱区域因素对人才招聘的限制，我们招聘远程员工，这使得我们能够接触到规模更大的人才库。远程战略帮助我们招聘到真正需要的人，同时也能够为人才提供灵活的工作方式，进而帮助公司提升了人才留用率和满意度。

这种战略世界各地的组织都可以效仿，尤其适用于为多区域客户或顾客服务的组织。如今，技术的发展，使得各种行业的组织都能够依靠分散于各地的远程员工进行运营。世界各国组织可以不受地理位置的限制去寻求最优秀的人才，也是合乎逻辑的。例如，尽管我们全球扩张的第一步始于英国，但是我们仍能利用公司的模式从欧洲各地招聘员工，以便更好地为多个国家的客户提供服务。因为我们不需要预先在每个服务市场设立办事处，所以这些招聘工作更迅速便捷。

更公平的竞争环境

招聘远程员工也为建立更公平的工作场所迈出了重要一步。现实是，纽约、旧金山和伦敦等城市的生活成本令许多专业人士望而却步，尤其是那些已经背负着学生债务的年轻人。目前在昂贵的中心城市设立现场办公室的做法往往有利于那些拥有更多资源的人。这给劳动大军中的有色人种造成了严重的问题，相比白人，他们往往经济上处于劣势。例如，在美国，黑人或拉丁裔家庭的平均财富不到 7000 美元，而白人家庭的平均财富为 147000 美元。[7] 这种财富差距表现为学生债务更多、购买高价住房更难、创业风险带来的后果更严重。当组织招聘人才不再局限于成本较高的中心城市时，便为更大范围的劳动大军提供了就业机会，无论他们的经济背景如何。

远程工作模式的一大好处是能够招聘不同区域的人才，而另一个关键因素是能为员工提供灵活性。人们对工作—生活灵活性的看法和期望值在不断变化，这也逐渐地削弱了传统的办公室工作的吸引力。

全球范围内，人们对于工作与生活融合方式的看法发生了转变。员工越来越希望拥有更多的灵活性和自主性；他们希望能够旅行，能够拥有更多的个人时间和家庭团聚时间，甚至能够更加自由地开展自己的副业。零工经济的兴起也增加了工作流动性，越来越多的人选择进行合同工作，且不受地域限制。

仅在美国，今天的非全职工作人员就比十年前多了 600 万。其中的 300 万反映出劳动力远离传统就业模式，向零工模式转移。[8]

这些人都很有才能，如果没有这种模式，他们可能会选择全职工作，由于受制于区域因素，他们的选择更少。他们也可能会选择退出劳动力大军，掌握主动权，在选项没有吸引力的情况下，决定何时及如何去工作。

提供远程工作的组织可以通过吸引这一群体而变得更为卓越。如果说灵活性作为工作场所的特质，正越来越具有吸引力，想要满足这一需求，灵活的远程工作模式就是最佳方式。

远程工作确实有效

今天，组织拥有的一个明显优势是远程模式比以往任何时候的接受度都更高了。十年前，远程员工还需要消除一些误解，即大家会认为他们工作效率不高，时间总是花在照顾年幼的孩子、看电视、处理个人事务上，或者对自己的时间和日程没有清晰规划。

远程组织花了数年的时间来克服这些外部偏见，并证明他们可以在没有现场办公室的情况下提供高水平的服务。许多人脑海中员工居家懒散的形象，已经被颇具说服力的业绩和结果所取代。早期采用远程模式的组织行得通，今天的远程组织就更不是问题了。

如果你正在考虑效力一家远程组织，或者创办一家远程组织，或者让你的团队永久地处于远程模式，那么你的基础相比之前的组织要好很多。

创建高性能的远程工作文化并非易事，但致力于此的组织，如果拥有适当的基础、策略和流程，则会收获指数级的收益。这是我在加速伙伴营销公司的经验之谈。自 2011 年我们决定全力发展远程文化以来，我们在十年里增长超过了 1000%，而且我们的团队扩大到了近 200 名员工，遍布 8 个国家。尽管我们没有豪华的办公室，休息室里没有乒乓球桌，办公室里也没有咖啡师和按摩师，但我们还是赢得了诸多"最佳工作场所"奖。显然，这些"额外福利"并不是造就卓越文化的要素，尽管在某些情况下，公司试图利用这些附加福利来掩盖糟糕的工作环境，同时鼓励人们永远不离开办公室。

我们的重点不是放在对实际工作环境的投资上，而是放在对团队成员的投资上，既包括个人投资，也包括专业投资。因为我们并不是每天都会面对面互动，所以我们的优势在于招聘那些重视独立性和灵活性的员工，并且注重从一开始就投资于他们的发展。这是远程工作环境的关键技能。我们甚至培养了公司自己的大多数领导，在加速伙伴营销公司，80% 职务的领导者都是从内部提拔的。

远程工作已成为商业领域的新风尚。我从第一手经验中了解到，远程工作如果能有效地进行，会提升员工的幸福感和参与度，这也是一个关键的竞争优势。

本书路线图

本书中，你会看到：

首先，本书将先从员工层面开始。我们将探讨远程工作带来的独特挑战、解决方案和回报，以及远程工作时如何确保幸福感、投入度和高效率。了解到相当多员工由于疫情原因无意中被迫从事远程工作，我们还将深入探讨如果疫情过后仍选择远程工作模式，应如何应对。

接着，我们将讨论组织策略，帮助领导者创建世界一流的远程文化。我们还将探究顶级远程文化所需的结构理念，包括理解顶级远程文化是什么，以及正确的文化基础如何促进和支撑远程工作。

紧接着，我们将深入探讨应用于远程环境的具体策略。如果有正确的机制和流程辅助，大多数员工和组织在居家工作中也会表现卓越。然而，如果希望达成最佳结果，远程环境中就不应采用与办公室中相同的惯例程序和策略。

根据角色不同，你可能会直接阅读本书的第一部分"员工篇"，该部分会教你如何在远程职场游刃有余。或者你可能会直接跳到下一部分"管理篇"，该部分主要讲述远程工作中领导和管理方面的内容。当然你也可以在两部分内容间自由切换，但现实是，大多数人很快会发现自己两方面都需要。

成功指南：
员工篇

第一章
远程办公究竟是什么

索菲·帕里比林斯决定开始远程办公时，所有她认识的人都为她担忧。

"周围的人，包括我的家人，我的朋友甚至我的男朋友，当得知我要远程办公时，都开始担心我。"关于为什么做这样的决定，帕里比林斯解释道，"因为我是一个特别喜欢交际的人，我喜欢和人打交道。"

自 2017 年起，帕里比林斯供职于加速伙伴营销公司，任职欧洲、中东以及非洲部市场副总监。加入我们的团队之前，她从没有远程办公的经历，即使远程兼职的经历也没有。此外，她一直居住在伦敦。在伦敦的商界，远程办公的概念前所未闻。

帕里比林斯的同事认为在家办公一定会让她感觉孤立无援，尤其是作为社交圈里唯一一位尝试这么干的人。但是，即使没有远程办公的经验，帕里比林斯仍然坚信她一定会享受这种办公体验。所以，她决定为之一试。

尽管她较早之前的办公室工作体验还是令人满意的，但是最近的工作环境实在是让人抓狂，活生生地展示了新时代职场的嘈杂混乱。过去的 6 个月，她和 50 位同事共用一层办公楼，在有长条办公桌的开放式办公室工作。办公时，她总是无法做到专心致志。

"我讨厌这样的办公环境。办公室总是很嘈杂，同事们三三两两聚在一起，办公室里时常飘着音乐声，"帕里比林斯回忆起之前的办公室，"我的办公桌旁边甚至还放着一个索诺思（Sonos）扬声器，扬声器是开是关，我却无法掌控。"

除此之外，帕里比林斯每天还要挤进拥挤的伦敦地铁，通勤时间长达 90 分钟，然而目的地却是这样一个嘈杂的办公室。这种办公环境大家也早已习以为常，从未想过有更好的办公模式可以取代。

尽管有过上述办公环境的亲身体验，帕里比林斯自己也从未想过要寻求一种更有效的远程办公环境，直到她加入我们的团队。伦敦的办公室文化根深蒂固，大家习惯于上班进城，下班喝上一杯放松放松，周五晚上更是遵循着从办公室到酒吧的惯例。2017 年，远程办公在英国鲜有所闻，以至于听说帕里比林斯在家庭办公室参加视频会议时，大家无不感到震惊。而她在选择远程环境办公时，就已经尝试改变，同时也走在了新的职业领域前沿。

伦敦是世界上最不青睐远程办公环境的城市，且帕里比林斯性格外向，尽管如此，她还是很快适应了新的工作模式，也喜爱上了居家办公。

帕里比林斯很享受灵活的办公方式，这样她就有更多的精力关注自身的健康状况以及人际关系，而这些之前都是必须牺牲工作时间才能办到的。之前在办公室工作时，她需要很早起床以避开地铁的早高峰。午饭也是在办公桌前随便扒一口，晚餐则以垃圾食品果腹，因为一天的工作与通勤已使她感到筋疲力尽，再没有精力为自己精心准备一餐晚饭了。

自从开启远程办公模式，帕里比林斯乐在其中，用她自己的话说"享受更美好的人生"。她设法在日程安排中加入锻炼和做营养美食的内容，同时也可以挤出整块的时间安静、专心致志地工作，再也不用担心同事大声地聊天以及嘈杂的音乐。她也终于有时间能够看望居住于另一座城市的家人，有时甚至能够多待些时日。

帕里比林斯说："以前，我如果想去看望家人，就必须请一天的假。而现在，我可以在火车上办公，也可以在父母家办公。之前我只能在周末跟他们待上一天，而现在我有更多的时间和家人待在一起。"

帕里比林斯也承认，自己的远程办公体验也并非完美无瑕。伦敦的房子并非以宽敞闻名，因此，刚开始居家办公时，她不得不把书桌放置在卧室，因为卧室是唯一能放得下桌子的地方。起初她也面临着种种挑战，诸如如何区分工作和生活，如何确定每天结束工作的时间，这些问题对于她而言并非易事。在她看来，远程办公利大于弊，但即使是在疫情前的日子里，也时常面临着一些需要调整、适应的阶段。

帕里比林斯认为，加入纯远程办公团队对她而言是至关重要的，也使她受益颇多。因为一些小公司只有部分员工进行远程办公，有时还不得不现场办公。我们也了解，远程办公可能不会成为欧洲团队工作的常态，所以我们提前做了一些准备，为方便新手上路，同时也为平稳过渡提供一些助力。

作为经理，帕里比林斯也一直在帮助下属适应灵活的办公环境。我们公司致力于招纳勤勉认真、严谨负责的员工。老板也得时常提醒员工并给他们自由，让他们设计适合自己的日程安排，前提是他们有能力完成各自的任务，并能和客户与同事进行有效的沟通。早期居家办公时，帕里比林斯也曾渴望得到这方面的一些鼓励与支持。

"刚起步时，我花了相当长的时间去寻找工作的节奏，以及适应工作的自由度。"帕里比林斯回忆道，"我会发邮件给我的老板，跟她说，'老板，我准备锻炼一会儿。'老板总是回答我，'不需要告诉我这些，你自己决定就好。'这是她处理的方式。"

任何一种良性工作环境的重要基础都是信任。对于远程办公团队而言，团队成员之间的信任尤为重要。帕里比林斯的故事也向我们展示了：只有员工获取了信任，掌控了居家办公灵活性的自主权，才能最大化地享受远程办公带来的实惠。

当然，前提是员工必须完成自己分内的义务。远程办公并非意味着员工可以随心所欲，也不是一时兴起就可以请假，更不是整天赖在床上。如果不能对同事负责，不能全力完成职责，想要出色地完成工作就更无从谈起。在这样一种无人组织、无人监督的工作环境中，更需要为自己量身打造一个专业的工作环境。

"你必须绝对自律，"帕里比林斯建议，"你必须能够掌控自己的时间，即使不在办公室，也必须做到集中注意力。"

从本质上来讲，远程办公的秘诀很简单：员工要有责任心，自律，敬业；员工之间相互信任；公司具备完善的办公流程与良好的企业文化。

而实际上，供职的组织在一定程度上决定了居家办公的满意度。站在员工的角度，只要组织拥有健康的企业文化，敬业且具备团队协作能力的同事，以及值得信赖的制度，远程办公就能取得良好的效果。新冠疫情的突然暴发迫使多数英国企业的员工居家办公，但由于缺乏合理的制度，并非所有公司都能一夜间成功转型，开启远程办公模式。这是帕里比林斯从朋友远程办公的教训中观察所得。

一旦工作环境适宜，公司结构合理，公司制度优化，企业文化到位，对于员工而言，远程办公就意味着无限的可能性。事实是，不管怎样的办公地点，要想达到居家办公工作效率最大化、个人幸福感最大化，整体满意度最佳，员工需要采取一些措施。

对于帕里比林斯来说，她很少怀念办公室的生活。尽管亲朋好友总是为她担心，但她清醒地认识到，远程办公不仅带来了预期的成果，常常还有意外收获。

"我感觉大家常常无法理解我的选择，但我自己却乐在其中。"帕里比林斯开心地说。

远程办公的基础

我之前也提过，有些人对于远程办公还有误解。一部分人会认为远程办公的员工效率比较低。也有一部分人错误地认为居家办公的员工责任感不强，常常会让家庭琐事影响到他们的工作。

然而实际上，我们公司以及其他许多公司发现，情况往往是相反的。当员工努力平衡家庭琐事和工作时，事情常会向有利的一面发展。比如，远程办公时，员工会觉得很难在工作和个人生活之间划定一个严格的界限，他们常常纠结于何时停下手头的工作、何时休息、何时调整以及一天工作下来何时放松。有时候，他们很难彻底结束一天的工作，很晚了还在检查邮件，笔记本电脑也是直接放在床边桌子上，以便睡觉前还可以再检查一遍邮件。

新冠疫情期间的研究佐证了这一看法。疫情期间，居家办公的员工中，工作时间外选择继续发送邮件的人数翻了一番，他们常常纠结着如何结束一天的工作[1]。

为了应对这一挑战，远程办公机构必须向所有员工（包括初级助理以及管理层的员工）灌输一种理念，即远程办公需要坚实的基础，坚持严格的时间观念，营造合理的办公空间，并严格划分工作和个人生活的界限。

和大多数事物相同，远程办公的关键在于，从一开始就要将自己置身于最佳环境中，并配备适合的工具。如果远程办公之初，你就随意翻出大学时期的笔记本电脑，想着在沙发上工作一整天，很快你就会有挫败感并且感到疲惫不堪。

备好必要的办公硬件和技术手段

首先，确保具备制胜的关键条件：必要的办公硬件及技术手段。如果工作要求经常同客户进行视频会议，或者常常需要上传或发送大文件，最好确保技术和硬件设备不会拖累你的工作效率。

先从互联网连接开始。虽然大多数人家里连接了高速互联网，但网速却差异很大，因此确保具备准确的规格很重要。大多数供应商在营销时会吹嘘互联网方案中的下载速度，但对于经常视频会议及需要在云端上传资料的用户来说，上传速度同等重要。千万不要想当然地认为上传速度和下载速度是一致的。互联网供应商往往会提供极快的下载速度，但是上传速度就稍显逊色，这种做法司空见惯。大多数机构建议单个用户上传和下载速度至少为每秒 25 兆位。如果设备众多，又经常需要使用互联网，对网速要求会更高。

许多互联网服务供应商为网络与设备提供便捷免费的速度测试。广泛使用的网络测速插件 Speedtest by Ookla 也可以提供免费及时的速度测试。如果你的上传或下载速度有问题，及时联系你的互联网服务供应商，寻求更快的解决方案。

推荐免费测速资源

► Ookla Speedtest—speedtest.net

► Fast—fast.com

► PC Mag—pcm-intl.speedtestcustom.com[2]

设备数量	用途	推荐下载速度
1~2 台	网上冲浪，电子邮件，社交网络，适配视频	25 兆位 / 秒
3~5 台	多人在线游戏，4K 流媒体	50~100 兆位 / 秒
5 台以上	以上所有功能以及大文件分享和现场直播视频	150~200 兆位 / 秒

　　员工应向经理以及公司寻求电脑规格的指导，了解符合公司标准的笔记本电脑处理能力、光盘存储空间和无线网速度；还需注意的是，电脑频繁使用两到三年后性能开始下降。部分公司还会提供文件，概述完成本项工作的具体技术要求。

　　下面是我们公司为新进员工提供的指导文件，每年更新一次。

所需操作系统

Windows

需要 64 位 Windows 10 专业版（Windows 家庭版不包含所需的安全功能）。

如要使用现有的 Windows 10 家庭版，可从微软官网升级到专业版或商务版。

计算机硬件推荐——最低规格

Windows

▶ 处理器：英特尔 i5（最低要求）

▶ 内存：最低 8 GB 内存（为提高性能，建议使用 16 GB 内存）

▶ 磁盘空间：强烈推荐 256 GB SSD 硬盘（512 GB 更好）

网络设备和带宽推荐

无线标准

▶ 无线标准 802.11x（n/ac 首选）

带宽

▶ 至少 25 Mbps 网速上传 / 下载（越快越好）

无线设备（路由器）

▶ 任意现代无线设备

可选但强烈推荐：增加 2 年或 3 年的延长保修期（例如：戴尔 Pro Support 上门维修服务等）。

搭建远程办公的环境

随着视频会议的广泛应用，当你在自己的迷你空间进行远程办公时，大量的时间可能都在进行线上工作，有时还会面对着众多观众。工作之初你就应该考虑配备几样重要的配件，以使你看起来更专业，工作效率也更高。

特别是一些需要对外联系的职位，诸如销售、行政领导或客服，尽可能地营造一个专业的形象是很重要的。尽管与居家办公的人视频通话变得司空见惯，但如果你的工作区域昏暗、杂乱无章，又或者对方听不清楚你的声音，都会给非本公司人员，或者你的新上司，留下负面的印象。

第一印象尤为重要。如何在远程工作环境中给对方留下良好的第一印象，这里有一些建议与推荐资源。

增添显示器

添加显示器显得尤为重要，因为它可以让你能够同时使用更多的程序，也能对材料进行分析对比，同时也省去了整天伏在笔记本电脑前低头看的麻烦。

耳麦 / 耳机

对于视频通话，你应该尽量使用耳麦，无论是耳塞式耳机还是内置麦克风的耳机，不要依赖电脑的内置扬声器。有些人更喜欢选择连接麦克风的头戴式耳机，有些人则使用苹果 AirPods 等蓝牙耳机，还有一些人干脆用电脑上的内置麦克风并配上便宜的耳塞式耳机。重点在于，在工作电话中与他人沟通时，尽量不要使用笔记本电脑中的内置扬声器。因为通话人的声音从扬声器中传出来后，会被你的话筒接收，这时会造成干扰混响，电脑的内置扬声器则会接收到房间的噪声，形成"噪声渗漏"。导致的结果是，你能听到通话人的声音，他们也能同时听到自己的声音，这种情况极不理想。

优质摄像头

现在大多数笔记本电脑都配置优质的内置摄像头，但是买一个便宜的高清摄像头也很划算，你可以把它夹在显示器上。或者，你可以将相机独立置于相机架上，这样可以选择更好的视频清晰度或者便于调整位置和角度。罗技（Logitech）有一些很不错的款式。

良好的照明

房间照明是远程办公通信时常被忽略的一个因素。有几种便宜的灯，你可以买来放到笔记本电脑旁边，甚至可以夹在屏幕上，让你看起来与众不同。环形灯并非是网红专属，这些灯便宜、便捷，可以在日常视频通话时为你提供充足的光线。此外，将自然光融入办公区域也大有益处，一方面可以改善视频通话时的光线，另一方面也可以为办公区域增添一丝愉悦的氛围。如果办公区域所在房间有窗子，那么你的家庭办公室会让人感觉更舒适。

工作台或站立式办公桌

为了确保长时间居家办公的舒适度，最好确保工作区域适合长时间的工作。你可以考虑购买一张符合人体工程学的办公桌椅，这样长时间坐着办公会更舒服，或者你甚至可以选择购买一张可调节的站立式办公桌，这样也方便长时间站着工作。

职业化的背景

理想的情况是，当你进行视频通话时，身后的背景应该是整洁的，井然有序的。即使在自己家里，也必须为自己营造一个职业化的办公空间。尽管居家办公已然成为常态，但如果当你进行视频通话时，背景是没铺好的床，而且上面还杂乱地丢着脏衣服，可能会产生不良的影响。

许多视频通话应用程序会提供虚拟背景。但是，结合你的室内照明和设置，可能会产生一种奇怪的效果——在通话过程中，你身体的某些部分一会消失一会出现，这可能会更加分散注意力。所以，建议在设置虚拟背景之前先进行测试。

如果你是一名高管，或者你会经常参加高层次的视频通话，而又苦于没有一个整洁的背景，那么我强烈建议你购买一块绿色屏幕。这一选择显著改善了虚拟背景的功效，无论家里发生什么让你始终能保持职业的形象。我的办公背景是一堆黑胶唱片，闲置时会占用太多空间，与其进行诸多斗争之后，最终，我找到了一款售价200美元的可折叠绿色屏幕，它可以回缩至放在地板上的收纳盒里，实现高效存储。

当然，还有更便宜的绿屏供选择，比如简易幕布款。现在，大多数视频会议平台的视频设置中都有绿屏选项，而且背景质量有了明显的改善。

防蓝光眼镜

最后，可以考虑购买防蓝光眼镜，它可以有效地滤除电脑屏幕的蓝光。根据视力情况，你还可以选择验光镜片或是非验光镜片。佩戴防蓝光眼镜可以缓解整天盯着屏幕造成的视疲劳，同时晚上睡觉时佩戴也可以保证高质量的睡眠[3]。

许多远程办公组织会提供家庭办公津贴来报销这类改善措施的支出。但是，即使公司不会全部报销或部分报销这项费用，你自己也可以用合理的价格购买到。这与省下的通勤费用比还是要少得多，同时也会让你在职场更容易收获成功。

将上述技术硬件准备齐全只是成功过渡到远程办公的一部分

内容。改变思维同样至关重要，它可以让你更乐于接受这种新的工作方式，同时远程办公带来的诸多益处也会助力你的职场生涯。

技术资源清单

基础装备 / 必备资源

▶ 802.11x 无线网标准

▶ 25 兆位 / 秒以上的上传速度和下载速度——两者是不同的

▶ 笔记本电脑、内置网络摄像头、8 GB 内存、256 GB SSD 硬盘

▶ 带内置麦克风的耳机或带独立麦克风的耳机

最好具备

▶ 第二台显示器

▶ 笔记本电脑支架

▶ 独立键盘或鼠标

▶ 高清网络摄像机

▶ 防蓝光眼镜

高阶装备 / 奢侈装备

▶ 环形灯或灯箱

▶ 绿色屏幕背景

▶ 站立式办公桌

第二章
如何将远程办公效益最大化

本章将探讨员工如何为远程办公奠定有效的基础，如何充分利用远程办公的灵活性来实现个人生活与职业生涯双丰收，以及如何在工作中保持积极性、专注性和参与性。与此同时，你也会看到其他员工的故事，他们具有多年远程办公经验，包括疫情发生前后，远程办公给他们的生活带来了持久且明显的变化。

设定期望值

如果你是初次尝试远程办公，关于工作时间和非工作时间，一定要为你的新同事设定期望值，这很重要。每个人每天的工作计划不尽相同，因此清楚地告诉经理和同事你的日程安排至关重要。比如，每天工作时间为上午 9 点至下午 6 点，中午

12 点到下午 1 点为午餐时间。

　　同事或客户需要你远程办公时，却找不到你，这种情况你肯定不希望看到。远程办公的情况下，在规定的上班时间里你却不在或者根本找不到你，没有什么比这个更能消耗大家对你的信任。

　　比如，我们曾经遇到这样一种情况：一位员工向我们隐瞒了在黄金工作时间没人照顾孩子的情况，这一点我们明确地在招聘环节探讨过，很明显这会影响他们的工作效率和工作质量。经理找到这位员工并针对其稍有欠缺的表现进行了开诚布公的谈话，这个隐藏的问题随即暴露出来。员工没有及时反映这种情况，经理很失望，并表示他们本可以共同商讨出解决办法。最终，员工辞职，因为他认识到自己辜负了团队的信任，而信任一旦辜负就很难弥补。

　　远程办公的主要好处之一就是可以灵活安排日程表，对于职场父母而言尤为重要，但切不可随意利用这种灵活性。除非学校突然停课或是疾病突袭，否则绝不能把工作和生活的职责混为一谈。特别不建议工作和照顾孩子一肩挑，这样一来，两者都无法有效兼顾。选择远程工作是因为它给你的家庭带来了极大的灵活性（比如，日程安排、工作时间、接送孩子等），但并不意味着远程工作可以让你同时兼顾两者。

因此，你需要确定自己的日程安排，并使团队成员知晓。这会使你工作内外都能高效、专心致志，同时无所顾虑。

疫情模式

新冠疫情突如其来，这意味着大多数人在开启远程办公的同时，也面临着学校停课以及无人照顾孩子的情况。老板和其他同事对此也更多地表示理解和宽容，但是如果经过这段特殊时期后重新恢复正常状态，仍有大量员工居家办公时，这不应该成为你工作的常态。

庆幸的是，作为职场父母，如果你疫情期间能够表现优异，那么一旦你不再需要同时兼顾照顾孩子的责任时，你会享受并感恩远程办公模式。下面是一个如何为新进员工设定期望值的例子。

职场文化与环境

　　加速伙伴营销公司的远程办公环境为所有员工提供了极大的灵活性。我们对业绩有很高的期望，同时理解家庭

和个人目标的重要性。作为加速伙伴营销公司的员工，你可以通过掌控自己的时间、提前规划和有效沟通来灵活地平衡自己的工作和生活。

　　如果在规定工作时间内离开或无法工作，及时地告知你的经理，在日程表中安排好时间，同时与团队成员沟通，这样他们可以相应地作出安排。请同经理一起讨论设定工作时间的期望值。

　　"伟大的领导者相信生活是充满变化的，最佳机构常会通过调整自身来适应团队成员的生活方式，不时地作出改变，使机构可以运转。"

对所有员工的期望

▶ 有问必问，有问必帮，有问必清。

▶ 以解决问题为导向，以解决方案为目标。如果不能在合理的时间内解决问题时，请参考第一项期望。

▶ 上线或离线时及时沟通。

▶ 放长假休短假。

▶ 明确休息时间，学会放松。超出工时不计报酬。

▶ 使用 Slack 协作平台时请留意第三项，每日安排 3 个优先事项。

▶ 事情（过程、任务等）无法正常进行或可以完善时，明确提出并提供解决方案。

▶ 主动出击，积累自己的经验。

▶ 通过 TINYpulse 插件进行反馈并鼓励同伴。

▶ 永远做最佳决策。如有需要，我们会全力支持。

▶ 当／若加速伙伴营销公司不再适合你，而且你并不享受在这里工作时，我们最好可以进行开诚布公的谈话。我们会尝试着先去解决问题，如果问题无法解决，我们会帮助你找到更合适的职位。我们不鼓励突然的离职通知，至少给我们解决问题的机会。

（来自加速伙伴营销公司的新人指南）

关于远程办公的思考：如何做到如鱼得水

有些员工在惶恐不安中开启了远程办公。即使你很期待免于通勤的上班体验，或者很享受安静的私人办公氛围，某种程度上，你会不由自主地思考，在这样一个截然不同的办公环境中工作，是否有真正的快乐？有些员工自职业生涯起只体验过传统办公室模式，对他们而言，感受尤为如此。

正相反，有些人一开始就知道他们会爱上远程办公模式，并且会在职业生涯中主动寻找这样的工作机会。如各位所见，苔丝·韦尔史密斯就是此类员工的最佳典范。韦尔史密斯自2016年起加入我们的团队，目前担任业务运营总监。虽然加速伙伴营销公司为她提供了首个全职的远程办公职位，但她之前的整个职业生涯都是远程办公的。事实上，韦尔史密斯最后一份办公室工作的职位来自她在大学的实习。仅仅通过实习的体验，她就知道了朝九晚五的办公室工作不适合自己。

韦尔史密斯感到办公室工作死板的制度限制了她。她不喜欢一成不变的朝九晚五的8小时工作制，更不喜欢没有窗户、光线昏暗的办公环境。正式开启职业生涯之前，她就意识到自己更适合灵活及充满可能性的远程工作。

韦尔史密斯首次体验居家办公工作是在一家混合型机构，她在这家机构工作了三年。公司规模很小，尽管他们有一间办公室，但管理层对员工每周在办公室的出勤并没有做严格的要求。不久，韦尔史密斯就注意到居家办公让她效率更高，成就感更强，甚至动力十足。

实际上，韦尔史密斯认为，有机会在灵活的办公环境中工作会激励她呈现最好的结果。

"远程办公时，我总怀有一种感恩的意识，"她说，"我总觉得我必须做好这份工作，因为，比如说，在开始办公之前我可以去滑雪，或者在山里工作的话，周五我就可以去远足了。我从来不认为远程办公是理所当然的，因为我之前做实习生时，体验过办公室的工作，我非常不喜欢。"

自远程体验之初，韦尔史密斯充分利用远程办公的灵活性，优先考虑自己的爱好。最值得注意的是，她擅长制订工作计划，这使她作为运动员也能时刻保持竞争力——作为一名拥有全国排名的举重运动员，她会参加美国举重比赛。高水平的运动表现需要持久的训练，而韦尔史密斯总是能够将长时间的体能训练纳入她的日程表中，让她在不影响工作进展的情况下也能保证比赛的巅峰状态。

毫无疑问，这样的训练计划在传统的办公室环境中是无法保持下去的。我们大多数人在生活中常常会面临同样的运动难题：究竟是天亮前起床，上班前进行锻炼呢？还是下班后进行锻炼？在办公桌前坐了一天后，我们经常是饥肠辘辘、懒懒散散的。所以，这两种选择都不甚理想，久而久之我们也就把健康的问题给忽略了。

韦尔史密斯则不会遇到这样的问题；她的习惯是，早起办公，工作几小时之后到健身房进行长时间的锻炼，以此作为休息调整。完成预定的锻炼任务后，她会返回家庭办公室，同时倍感精力充沛。

　　韦尔史密斯是一位狂热的旅游爱好者，她深信，时不时地改变自己所处的环境，不仅能提高个人的成就感，同时也能提升工作成效。她曾多次进行长途旅行，但从未耽误过工作。现如今她住在波士顿地区，曾长期在新加坡和新西兰等地的加速伙伴营销公司工作。

　　韦尔史密斯经常向经理报备这些行程，同时确保旅行目的地及住处网络信号好，办公区域佳。她心里明白，远程办公带来灵活生活方式的同时也意味着需要履行应尽的义务。这就是她为什么强烈建议，远程办公时，必须同你的经理及同事沟通设定好期望值，越明确越好。

　　有些公司仍然依赖命令控制式领导力，要求员工一定程度上保证出勤。但逐渐地，越来越多的机构更加关注员工是否能够完成工作，员工的表现是否稳定。韦尔史密斯发现，如果机构足够信任员工，放手让他们去完成分内的工作，不考虑他们工作的时间和地点，员工都会感恩这份信任，并会尽全力回报这份信任。

对于远程办公管理经验，韦尔史密斯也有话要讲，因为她最近管理着一个五人团队，自 2017 年起，完成了至少一次的直接汇报。作为管理人员，她的职责之一就是帮助团队的其他成员适应居家办公，这其中也包括那些不确定远程办公模式是否适合自己的员工。

"我经常告诉员工要合理安排自己的日程表，"韦尔史密斯说，"直接和你的经理进行沟通，告诉他哪种工作模式更适合你。如果每天朝九晚五的工作适合你，那很好。如果需要做些调整来改善你工作和生活的节奏，告诉经理你希望如何进行调整。只要能够为客户和团队服务，调整日程表是没有问题的。只是需要告诉我们你的一天是如何安排的。"

提前进行开诚布公的沟通，远程工作才最有效率。如果远程办公的员工能够向经理证明自己有能力完成任务，并且也有能力为客户、委托人及同事提供高水准的服务，那么这份尽职尽责也会赢得一定程度的信任、尊重及灵活性。针对工作时间设定明确的期望值，是解决众口难调问题的最佳途径。

相比普通人，韦尔史密斯适应远程办公的过程更加自然，她也一直认为大多数人会从远程办公中收获满足感，即使他们对工作模式仍存有疑惑和顾虑。如果员工离不开一成不变的制度，办公室工作对他们吸引力更大；但是，这并不意味着居家办公者无法享受井井有条的日程安排。正如韦尔史密斯提到的，有些员工喜欢朝九晚五的远程工作模式，对于这样的员工我们大力欢迎。

对于韦尔史密斯这样的员工来说，远程办公大有益处。世界级别举重比赛及环球旅游等个人活动是她人生中的头等大事，同时她也会平衡好工作与生活。韦尔史密斯认为，喜爱灵活的办公模式并非是与生俱来的特质，也不存在说有些人总是无法喜欢上它。相反，她认为员工会比想象中更享受居家办公模式。

"未知的事情总让人深感陌生，"韦尔史密斯说，"如果人一生都是在办公室工作，他们可能会觉得，职场要想成功，就需要依赖人际交往及现有的公司制度。但事实上他们可能真的不需要这些。"

值得注意的是，在人际交往方面，韦尔史密斯和远程工作的同事建立了长久的友谊，至少在她看来是这样的。尽管她也承认，培养感情需要花费更多的精力，但是建立这种关系是远程办公中重要的一个环节。无论是居家办公，还是与同事建立持久的友谊，其实员工并不需要做出选择，因为两者是可以同时兼顾的。

虽然有像韦尔史密斯这样能够迅速调整并适应远程办公的人，而你却是在疫情突袭之下，不得不尝试远程办公，但也不要觉得这种工作方式不适合你。即使你并不渴望或需要工作上的灵活性，自己安排日程表，以及享受不同地点办公，也会给你带来意想不到的好处，十分值得一试。

设置有形的界限

办公室工作最明显的好处是个人生活和职业生活之间有着客观存在的界限。远程工作时，许多人会切切实实地担忧远程工作模式让他们感觉像是住在办公室里，他们无法将工作与生活进行切割，毕竟除了工作，他们也需要休息和放松。

缓解溢出效应是有可能的，但前提是要设置清晰的有形界限，将工作与家庭生活进行切割。若有可能，最好在家里划定专属工作区域。这样一来，不仅帮助你从心理上确定了工作时间，同时也向家里人发出信号，明确告诉他们什么时候有空，什么时候很忙。

特别是对于和他人同住者尤为重要，不管同住的是室友、朋友、孩子还是其他家庭成员。如果没有明确的工作或非工作信号，家里的人认为能看见你，就能找你，这种想法也是可以理解的，但他们会忍不住走过去问你问题，完全不顾你是正在做推销还是在同客户通话，就会给你带来困扰。

因此划定专属办公区域就可以避免这一混乱。对于大多数员工来说，物理隔离真是说来容易做起来难，特别是那些不习惯居家办公的人。并非所有人在家都有专属办公的房间。但是，即使是在客厅的角落里摆一张折叠桌，或者在厨房桌子旁选一把椅子作为"办公椅"，也是朝着划定身心边界迈出了重要一步。一天工作下来，起身离开工作区域，这些边界可以帮助你退出工作模式。

恪守时间表

系统地安排时间，关注时间的使用很重要。非办公室工作的员工最好能够按时起床，确定日间工作的时间及时长，主动规划分配用于项目、会议、午餐、锻炼及个人的时间。同样，日程安排中也应纳入休息时间并严格执行。

员工在办公室工作时，自然而然地会有一些休息的时刻，比如在饮水机旁和同事聊天，喝杯咖啡休息，或者出去吃午饭。相比之下，远程员工可能常常埋头工作几个小时，没有明确的时间概念。

设定时间表并严格遵守，更好地确保完成工作的同时，也能留些时间休息和调整。团队可以同步日程表，这样每位成员能够在同一时间集中精力完成工作，确保了团队内部工作的流畅度。

新冠疫情期间，人们也更加深刻地认识到了日程安排的重要性，特别是孩子在家的双职工家庭。能够提前与伴侣或配偶协调日程安排的职场父母往往适应得最好。他们会明确每个时间段谁来陪孩子，谁来工作，以及明确其他类似的安排。

管理收件箱

当快速进行面对面沟通无法实现时，电子邮件通常是员工在远程环境中首选的沟通方式。如果你是第一次远程办公，电子邮件数量将会大幅增加，这是很正常的现象。因为在开放式办公环境中，同事间会隔着办公间或办公桌进行简短对话，而在远程环境中则被大量的邮件交流取代。诸如 Slack 之类的即时通信平台和微软团队可以帮助减少电子邮件。然而，这类沟通渠道也会迫使员工全天候进行检查，分散他们的注意力，使他们无法专注地投入工作。

有些专家甚至提出，远程员工更有可能通过电子邮件或短信平台将工作分配给其他人，以缓解手头积压的工作。著名教授卡尔·纽波特，《纽约时报》畅销书《深度工作：如何有效使用每一点脑力》作者，职场效率专家，近期在《纽约客》的一篇文章中澄清了这一观点："比如，面对面时，寻求他人协助任务的社会成本增加了；这种摩擦足以让员工向同事分配任务时深思熟虑。而在远程办公环境中，同事被简化成了抽象的电子邮箱地址或是 Slack 中的虚拟地址。邮箱里的邮件源源不断地袭来，为了应对积压的任务，同事之间就会互相分派，很容易造成彼此负担过重。"[1]

这种情况下，远程团队中的员工有可能全天都被电子邮件轰炸，特别是对外打交道的职位，比如客户服务，他们不但接收来自同事的邮件，同时也接收客户的邮件。

整天不停地查看和回复邮件对缓解压力或是提高工作效率都没有好处。尽管如此，无限期地忽略你的收件箱也是不合适的。以下策略可以帮助你取得平衡，既可以回复邮件，也不会让电子邮件掌控你。

划分时间段。做法之一就是每天划分几个小块的时间专门用来回复邮件。比如，每天工作之前，设定 30 到 60 分钟专门回复邮件。只要你和经常联系的同事能够设定期望值，并且他们能够在紧急情况下联系到你，这样就可以两全其美——团队不会陷入找不到你的困境，你也可以摆脱电子邮件的监控。

自然选择。如果你的职位不允许你一天大部分时间完全关闭电子邮件的话，我们推荐给新员工的策略是选择哪些邮件需要立即回复，哪些可以留到以后再回复。如果一封邮件具有时效性，要求 1 分钟内必须回复，那最好是立即回复，马上解决掉。反之，如果收到一封需要斟酌、详细回复的电子邮件，那么最好留到规定的电子邮件回复时间块中，或者将其移动到待完成文件夹中。

设定期望值。如果你管理一个团队，分享这条建议给团队成员会很有帮助。你甚至可以制定一个标准供每位团队成员遵守，比如要求所有需要回复的电子邮件都要在 24 小时内回复。对于我们的客户服务团队，我们甚至为紧急情况另创建了电子邮件地址，紧急问题邮件会在收件箱置顶。任何非紧急类别邮件都可以稍后处理，在 24 小时内做出回复即可。

电子邮件分类。如果你担心错过紧急邮件，并想找到一种方法来区分紧急邮件与垃圾邮件，那么可以考虑购买电子邮件管理工具。有几个此类插件供使用：他们通过机器学习可以自动过滤促销邮件和那些不太重要的邮件，并把它们放置于同一个文件夹，那么你每天只需查看几次；或者将那些被标记为"紧急"或"重要"的邮件分类到特殊的文件夹中，便于你随时关注。

如果选择了上述任一方法，你就不需要整天看收件箱了。你所需要做的就是检查一下你的紧急或重要文件夹，确保没有错过那些关键消息。

如果使用了上述任一款插件，打开邮箱时，你的收件箱就不会感觉那么不堪重负了。我最喜欢的一个工具是 SaneBox，我已经用了五年多了，它适配任何一款电子邮件应用程序。它会自动将非紧急邮件过滤到"稍后回复"（Sane Later）文件夹中。这款工具还有一个功能，如果邮件需要回复或跟进，我可以设定一定时间后，电子邮件弹回收件箱。像 SaneBox 这样的工具可以极大地缓解打开电子邮件时看到收件箱被新邮件挤爆的糟糕感觉，并减少了智能手机上新邮件通知的数量。

和工作的方方面面一样，管理收件箱最无效的策略是无方可循。如果你有意地采取措施来控制你的电子邮件，而不是让源源不断的邮件来支配你的工作日，你会发现自己工作效率会更高，压力也更小。

精力管理

避免过度工作不仅关乎工作时间的管理，也关乎工作方式和工作内容。在一天中划定专属工作时间，并不意味着你就必须投入到高强度的工作中，一次几个小时不停歇。当你的时间安排明确后，最好能够混合搭配不同类型的活动，同时也需考虑休息时间，并及时关注什么时候精力旺盛，什么时候精力涣散。

健身界有一个广泛应用的间歇训练模式：高强度的剧烈运动结合短暂的休息，在不过度锻炼身体的情况下增强你的力量和耐力。间歇训练也可以应用于脑力劳动，高强度的脑力劳动结合短暂的休息，确保你不会精疲力竭。

就我个人而言，我喜欢在早上安排高强度工作——我认为这个时候我的认知能力最强——此时段主要完成涉及写作和开发新材料的任务。然后我会休息一下，将讨论为主的会议和任务留到下午的时间段，它们不需要耗费太多的脑力。

为自己设定类似的工作方案很重要，花点时间来思考一天中什么样的时间段适合完成什么类型的任务。尝试过程可能反反复复，也会出现一些错误，但一旦确定适合自己的工作方案，会对工作幸福感的提升和工作效率的提高产生持久的影响。

设定工作日缓冲区

类似的主题中，用缓冲活动来帮助分割工作时间和个人时间是非常有帮助的。远程员工出于本能，一觉醒来马上拿起手机或操起电脑工作，一直工作到晚饭时间，然后再把工作带到卧室去。

尽管没有人喜欢交通及拥挤的公共交通系统，但是上下班通勤具有极大的心理暗示意义，值得在远程办公环境中效仿。这就是为什么诸多知名行为专家强烈建议每天坚持"早晨例程"，而不是直接投入工作。

可以用咖啡和早餐开启一天，也可以是轻快的慢跑或鼓舞人心的阅读来开启一天。每天早上为自己做些事情会让你头脑清醒、精力充沛，能够更好地进入工作状态。如果你从床上爬起来，立马投向手机和电脑，这样往往会带来压力——工作邮件中前一天晚上新出现的问题，最后期限的提醒，等等。

这样开启一天可是十分糟糕，相当于早上7点穿着睡衣直接从床上跑到办公室。我不知道你的想法如何，但对于我来说不太理想。

结束一天工作的时候也是如此。对许多人来说，工作生涯大部分时间都需要上下班通勤，他们会认为，尽管不喜欢通勤，但开车或乘坐公共交通工具回家给他们提供了放松的时间，让他们可以在踏进家门之前从工作模式中解放出来。对于职场父母而言尤其如此，迅速从工作模式切换到父母模式让他们很头疼。

就像早上一样，我们也鼓励我们所有的远程员工结束一天的工作后抽空放松一下。

这也是我的经验所得。之前，我一般会在晚上 6 点结束长达数小时的会议和电话，然后马上坐下来和妻子以及 3 个孩子共进晚餐。晚餐稍微有点喧闹和混乱，我会很快感到不知所措。现在，我学会了结束一天工作后至少花 20 分钟来锻炼、冥想或散步，这给我心理状态的转变带来了巨大的影响。

不管你是想遛狗、听音乐、看书，甚至是冥想，一旦结束工作时，即使简单的事情也会有助于你在漫长的远程办公日后缓解压力。另外，它还会提醒你到晚上了，该放松放松了。

在这点上，确保任何工作设备远离卧室也是很有用的。研究表明，睡前看屏幕会延迟进入睡眠状态的时间，也会减少深度睡眠[2]。睡前带上笔记本电脑、回几封邮件可能会让你更加疲倦，第二天的工作也很难保持专注。归根结底，你所做的就是牺牲掉你的健康和工作效率，只为回复那些可能原该等到早上回复的信息。同样，养成睡觉前至少一个小时关机并收起智能手机（最好放在卧室外的位置）的习惯也是很重要的，这样可以最大限度地提高睡眠质量。如果你的手机上有电子邮件或工作应用程序，这一点特别有用。各种技术工具让你很容易在睡前从浏览社交媒体到条件反射式地查看工作邮件或其他即时工作信息。

记住，环境应该为你所控。如果你采取一些措施重点关注睡眠，睡眠质量会提升，早上也能做好准备以迎接新的一天。

保持动力

许多员工开启远程办公之初，面临的是疫情带来的社交隔离及经济不景气带来的压力，同时，对于许多员工来说，他们的孩子也没人帮忙照顾。毫不奇怪的是，这些员工中许多人很快就感到疲于应对，并开始担心长期居家办公如何保持工作的积极性。

办公室工作的性质迫使我们每天都来办公室，即使工作并不能让我们感到兴奋。如果足够幸运的话，办公室里有我们真的乐于见到的人；或是我们知道如果不出现的话，同事们至少会注意到。人类天生具有社交属性，当你不再需要进行职场社交时，你可能发现自己会怀念办公室里的社交。

许多员工，不管他们对公司冷漠无情，还是被大量的工作压得喘不过气来，甚至是每天独自工作把他们折磨得筋疲力尽，都在问着同一个问题：如何坚持下来？

对一些人来说，我们被雇用了，公司依赖我们，并且工作给我们带来了薪水，这些都足以激励我们。但如果这些对你不适用，最好寻找其他的激励方式。

有人曾告诉我，改善团队文化最便捷的方法就是让每位成员共读一本书。《驱动力：在奖励与惩罚已全然失效的当下如何焕发人的热情》决定了我们的企业文化。此书是《纽约时报》畅销书作者丹尼尔·平克关于驱动力的精彩研究。平克认为，工资、福利和经理的表扬等外部激励因素不足以让大家起床并兴奋地投入工作，因为这些毕竟都是外因。相反，我们会被内在的动机所驱使，包括我们内在的愿望，比如在生活和工作中拥有自主权、主宰力和目标感[3]。

挖掘这类动机的一个方法是确定在你的工作职责中哪些任务是你最喜欢的，尤其是那些能够展示你的技能的。例如，如果你发现在电子表格中汇编数据，并从结果中得出结论会让你感到兴奋，那么你可以尝试着将这些工作安排在固定的时间块，这样你就可以期待这类工作，把专注、高效的时间花费在最喜欢的事情上。

或许最强大的驱动力就是拥有清晰的目标。它从根本上有意识或无意识地驱动着我们。清晰的目标就像是人生的主旨句，明确表达出你之于这个世界的意义。我花费了一些时间寻找到了自己的人生目标：分享建议，促进个人和机构的发展。而它也已经成为平衡我的工作和生活的重要因素，这种方式是我之前没有预料到的。

　　你的人生也不必非要清晰地陈述出个人目标，尽管它很有帮助，并且也值得全面思考去为自己设定一个。但是你可以将你的工作职责与你想要在生活中实现的目标结合起来，以此赋予你的工作以目标。也许你效力于一个组织，并助力推动其使命的完成，即使你的工作有时是无趣的。也许你想要获得或提升某些技能，以帮助你实现职业目标，如创办企业、领导团队，或成为所在领域的专家。又或许你想要自己的人生中有工作、有家人、有旅行，那么你需要一份稳定的职业，为这种完美结合提供可能。许多人实际上是通过做事的过程，而不是从事的内容来实现人生的目标的。从这个角度来看待人生目标，则可以缓解压力，也不必再执着于找到你的热情所在及完美工作。例如，如果你是一个热爱回馈的人，在你自己的公司发挥这一积极性可能会比在一个非营利组织工作更有价值。

　　无论你以什么职业为生，或在生活中追求什么目标，如果能以某种方式将两者结合在一起，你就更容易获得动力。下一次，如果你在工作中感到动力不足时，花几分钟思考或写下生活中对你重要的事情或你想要完成的目标。把眼前的工作置于更广阔的人生旅程之中，这一过程就足以带来明显的改变。同时如何以一种全新的方式将目前的工作职责同这些理念关联起来也会变得清晰可见。

保持专注

尽管远程员工工作中不太可能偷懒，而且通常还不得不工作更长的时间。但是居家办公也经常会有让他们分心的事物，这是居家办公难以避免的。虽然你再不用担心周围的同事在做些什么，但可以确定的是，家里一定有让你分心的东西。

如果之前没有远程办公的经历，你可能认为电视机或是手机会使你分心，但令你分心的远不止这些。远程办公时，你会突然意识到早餐的碗碟还没有洗，有一段时间没有倒垃圾了，地毯需要吸尘了。办公室工作时，家务活可以忽略不计，但居家办公时却不能再视而不见了。

你的脑海自然而然地闪过一个念头：之前在职场自己的专注力确实强！但仍有一些人很适应长时间专心致志地工作，

也不会被这些琐事所干扰；专注是一项技能，通过练习就能掌握。事实上，掌握这种技能可以使我们工作中效率更高，压力更小。

提升工作日专注力的一个方法就是避免上述分心的事情。如果每天花上几分钟清理工作区域，保持整洁，安排固定的时间来清洗碗碟或用吸尘器打扫地板，你就不再会在工作中被这些事情分心了。这又涉及之前讨论的设置日程表的重要性了。如果你需要完成上述家务才能让你白天的工作心无旁骛，那么可以固定一个时间来完成这些家务。

另一个提升专注力的途径就是有意地进行练习。其中一个是卡尔·纽波特在《深度工作：如何有效使用每一点脑力》中分享的一个技巧，即为自己设定计时器。先从较短的时间开始，比如15~20分钟，规定这个时间段专注地完成一项任务，比如汇编数据或是写份报告。纽波特认为，通过这样的练习，你的注意力持续的时间就会越来越长。

目前，你不太需要8个小时都保持全神贯注地工作，但是养成抗干扰的能力十分重要，在你需要时它能够令你保持专注，但是这项技能也需要花费时间通过训练来养成。专注度越高，工作时效率就越高，当工作日结束时，就越容易从工作中抽身。

关爱自己

　　工作周，最好不要忘记关注自身的健康与快乐。日程安排中，空出时间，留给高质量的睡眠和锻炼，不仅对健康有益，也会提高工作质量。根据我的经验，睡眠极少的人，生活压力大，家庭不和；不关注身体健康的人，上班时也无法精力充沛。

　　不管你如何有效地将生活和工作区分开，包括在两个领域之间建立牢不可破的缓冲区，但是在这两个领域中，主角始终是你自己，因为总是会有溢出效应的。

　　工作中的压力使你疲于应对，久而久之，这种压力会蔓延到工作之外，影响你的精力，影响你和家人朋友的关系，甚至影响你整体的幸福感。同理，工作之外压力重重的话，最终会导致你的工作表现明显下降。

　　很快这就会变成恶性循环，特别是对于远程办公员工来说，他们工作和生活在同一个地方，有时还无法完全脱离工作。工作压力带来不满情绪，不满情绪带来更大的工作压力，如此循环。防止这种情况恶化的最有效途径就是采取积极主动的措施来关爱自己，不仅是在职场，生活中也同样。

　　首先，关注高质量的睡眠至关重要。相比其他人，一些人会有睡眠障碍，但都可以采取措施来解决。简单说来，养成按时睡觉的习惯。利用一周的时间，设定睡觉时间，坚决执行。睡前一小时，收起手机、笔记本电脑和其他个人电子产品，试着花上 30~60 分钟去阅读一本轻松的书。

虽然感觉像是一种调整，但过不了多久，你就会发现晚上入睡更容易，醒来时精力也会更充沛。

远程工作时，设定就寝时间特别重要。经常会有这样的情况，晚上熬夜工作，直到错过理想的入睡时间才停下手头的工作。工作至凌晨 2 点，早上 7 点又开始新一天的工作，短期看来，这似乎显得你很敬业、很投入，但长远看来，这样做慢慢会使你筋疲力尽，你对工作的投入度也会随之减少。

其次，尝试每天空出时间，坚持锻炼是很有帮助的。你不需要每天训练马拉松或举重，但即使是每天做一个简短的瑜伽视频，在午休时间快步走，或者在喝咖啡前做几次跳跃运动，都能释放内啡肽，有助于改善你的情绪，集中注意力。

再次，找到一个能帮助你减轻压力的发泄方式非常重要。重要的是要认识到你什么时候感到压力，知道什么活动可以帮助你放松，让你重新集中注意力。

我们的一位员工曾分享说，他在工作时有时会意识到自己正处于压力状态。具体地说，他意识到自己紧咬牙关，伏在电脑前。出现这种表现时，他会用尽全力，坐回椅子上，闭上眼睛，缓缓地深呼吸 30 秒。花上几分钟时间很快就能缓解紧张情绪，让他能重新投入工作中，更加精神饱满，也更加专注。

不存在一种活动适用于所有情况。最有用的就是找到适合自己的方法。你可以选择进行短暂的冥想休息，站起来在家里走一走，甚至做一会儿平板支撑或波比跳让血液流动起来。这些活动花费时间不多，尽管不会立即降低你长期积累的压力水平，但坚持做上一周，随着时间的推移，紧张情绪会慢慢得到缓解。

最后，携手同事，关注自身健康很有效。你可以向团队中的同事抛出橄榄枝，主动承诺成为他们的互助伙伴，当他们需要宣泄情绪或者想要集思广益如何更好地关爱自我时，互助伙伴都会及时提供帮助。如果你喜欢瑜伽、跑步或其他锻炼活动，那么叫上志同道合的同事，分享如何最有效地将其融入工作日程表中。

你甚至可以考虑在公司中发起一场健康友谊赛，和同事们一起，互相监督。许多公司已经开始了在全公司范围开启这种健康方案的行动，如果你的公司还没有这样的方案，你可以尝试自己发起。

这种挑战不需要复杂的规则和严格的监督，可以简单有趣，如下面这个例子。

公司健康大挑战

▶ 10 月 1 日开始——此处签名。

▶ 将选出 6 人小组，混合团队，混合区域等。

▶ 参与者每天需提交至少 30 分钟的健康锻炼佐证材料，可以是 Fitbit 智能手环照片、冥想照片、林中散步照片等。

▶ 成员每天提交材料，提交 1 次计 1 分。每团队每周不高于 30 分（6 人 5 天）。

▶ 10 月 31 日截止。11 月 5 日公布获胜团队。

关于远程办公的思考：如何挣脱束缚

想象一下，你是选择在雪地里骑车上班，还是选择在泰国某一小岛上，享受其舒适的共享办公空间？本·乔利需要做的就是加入远程办公组织，把梦想变成现实。

乔利是我们公司客服团队的客户经理。自从放弃办公室工作，选择远程办公以来，他先后在 12 个不同的城市工作生活过。城市分布在墨西哥、日本、土耳其、西班牙、新加坡及泰国。上份办公室工作中，乔利每天要应对的是拥挤的交通及寒冷的天气。对他而言，辗转不同城市的工作体验还算不错。

"对我而言，办公室工作的最大问题就是通勤。"乔利回忆起来，"我住在波士顿，每天都要费劲走上三四英里才能到办公室。公共交通很糟糕，天气很糟糕，而且我的交通工具是自行车，我常常需要冒着雨雪骑行到办公室。通勤对我来说简直就是噩梦。"

摆脱通勤压力对乔利来说是天大的好处，但远程办公的好处远不止这些。

乔利一直都热衷旅行，但在开始居家办公之初，他没有意识到远程办公会让他实现环球旅行的梦想。实际上，在加入我们的团队之前，乔利并没有远程办公的经验，而且，他起初求职时也没有意识到我们是一家远程办公公司。但是机会来临，入职几个月后，他重新规划了自己的人生。

乔利把远程办公的机会看作一个逃跑通道，帮他逃离波士顿的家。波士顿生活成本高，交通拥堵，冬天还特别寒冷。居家办公6个月后，房子的租约一到期，乔利就立刻搬家了。

乔利是远程办公员工中特殊的一类，我们通常称之为"数字游牧民"。他们利用远程办公的便利性周游世界，沉浸在新鲜的文化体验中，学习新的语言，积累珍贵的人生体验，同时还能在优质企业中全职供职。通过与老板进行良好的沟通，安排的周密旅行计划，乔利得以在十几个不同的地方生活，每个地方只住上几个月。

维持一份全职工作，同时又能经常旅游着实不易，但是乔利总能想方设法地形成固定的工作例程，养成良好的习惯，这其中也包括搬往新家前进行研究。近年来，远程办公日益受到青睐，导致数字游牧民群体日益壮大，其中一个好处就是大量的网络资源可以帮助远程员工灵活切换住址，同时也不会影响到他们在职业上的追求。

乔利会仔细搜索可能落脚的地点，研究目标城市的共享工作空间，以备不时之需。新到一个目的地，他会仔细沟通，确保有高速的互联网可用，包括要求爱彼迎等租房平台的房东对无线网进行测速，确保连接速度能够满足自己高效工作的需求。

同许多远程员工一样，乔利绝不允许远程工作的环境影响他工作的质量。他会谨慎认真，无论身在世界的任何角落，都要确保为客户和同事提供高标准的工作内容。

有时，这种对工作的投入意味着为了同团队和客户的时区保持一致，他需要在常规时间外工作。例如，在伊斯坦布尔，乔利的工作时间是当地时间下午 5 点到凌晨 1 点，和美国东部工作时间一致，因为他的客户在那里。"我总是最后一个离开共享办公空间，"乔利说，"在伊斯坦布尔，你必须借助共享办公室，因为那里的家庭网络满足不了工作的需求。"

乔利的故事告诉我们：远程办公潜能无限。许多远程员工发现，如果他们工作中积极努力，业绩突出，又能妥善安排满世界辗转工作的种种事宜，那么远程办公意味着无限可能性。

远程办公给乔利生活带来的改变远不止于此。2016 年，他在墨西哥工作时认识了他的妻子，从那以后，妻子就和他一起踏上了全球旅程。他们在亚洲生活了几年，最近定居在墨西哥城。

正是在亚洲的那段时间，给乔利带来了最绝妙的远程办公体验。

"泰国有座叫兰塔（Koh Lanta）的岛，岛上竟然真的建起了一个远程办公社区。"乔利说，"在亚洲，数字游牧民'派对'社区很常见，但是这个社区却不同，它的重心更多地放在如何融入当地社区上。"

那段在兰塔岛上的时光里，乔利和一群志同道合的朋友，同用温馨的共享办公空间。一般的国际数字游牧民办公空间总是不能很好地融入当地的社区，而这个空间却使乔利能够完全沉浸到当地的文化中，他得到了截然不同的体验。

乔利成了真正意义上的全球公民。他旅居多国，学会了多国语言，并且，乔利酷爱烹饪，学会了烹饪不同风格的菜肴。一路走来，他也找到了有效的方法，不断提升自己的工作能力。

对于远程员工而言，他们常常需要花点时间来养成适合居家办公的工作习惯。结束一天工作后，能够及时放松，并且养成良好的作息习惯，让你在不同的环境中舒心工作，着实不容易。对于乔利而言，由于他常常更换工作地点，所以养成良好的工作习惯对他而言尤为重要。

像其他许多远程员工一样，乔利发现有必要有意地设置日程表，创建独立的办公空间，开发一些缓冲活动来有效地区分工作与生活。乔利特别喜欢到共享空间工作，因为它可以帮助乔利有效地区分工作与家庭生活。乔利在下班后会立即烹饪晚餐或是在可能的情况下，带着妻子到附近的餐馆就餐，这些都可以更好地帮助他从工作模式中解放出来。

乔利清楚远程办公并非适用所有人。但是，他注意到，疫情期间首次尝试居家办公的员工并不一定能收获完美的远程办公体验。生活重回正轨后，诸如避开拥挤的交通及更多的旅行机会会让远程办公更具吸引力。同样，如果远程员工能够在周末或其他休息时间恢复喜爱的社交活动，远程办公也不会让他们感觉那么孤独了。

无论如何，对于乔利而言，居家办公都利大于弊，这点是毋庸置疑的。

"远程办公的体验太美妙了，"乔利认为，"我从来没有想过自己可以看这么多风景，走这么多路。此生无憾。"

积极建立社交关系

一些人过渡到远程办公的一个顾虑就是害怕孤独感。办公室工作意味着你要和形形色色的同事打交道，他们可能讲电话声音大，或者会占用公共办公桌上的空间，但是居家办公也会夺走一些办公室工作才有的"福利"，例如集体午餐、意外的访客及酒吧的狂欢。

像远程工作中出现的其他问题一样，合理规划、持续跟进才有可能解决这一顾虑。你是远程团队的一员，同事和你一样都是居家办公的状态，他们也希望和同事能够建立人际关系，记住这一点会有助于你解决上述顾虑。

可以建立一对一的人际关系。远程组织会常常安排同事间进行简短的社交电话，他们可以加入视频通话，不谈工作，闲聊 20~30 分钟。同事间也可以约着远程午餐或是喝杯咖啡休息一下，或者也可以一天工作结束后约着喝杯小酒，放松、社交两不误。

　　同远程办公的其他方面一样，你可以掌控它并为你所用。除了上面的一些基本方法外，你可以利用团队使用的通信平台建立社交聊天群或是讨论群。你也可以创建读书俱乐部，挑选关注个人成长的书籍进行阅读，帮助彼此成长。

　　此外，尽管疫情使线下聚会变得难上加难，但是远程员工仍然可以单独见面。许多公司会在同一区域雇用多名职员，这样最近的同事可能离你只有很短的车程。你可以约着同事在咖啡馆或是共享空间见面，待上一天甚至几个小时都会有助于你保持社交关系。

根据自己的性格特征安排社交活动

　　尽管有一些绝佳经验可以帮助你适应新的工作模式，但是并没有一个放之四海而皆准的方法，因为每个人的性格差异很大。最有用的做法是：深入了解自己的性格本质并探究其核心的性格差异，因为它会对远程办公产生影响。这一差异就是外向性格与内向性格的差异。

　　简单定义两种不同的性格是很有益处的。外向型性格更喜欢高能量环境，喜欢身边有同事围绕。相反，内向型性格更喜欢干扰少的环境，他们喜欢安静下来，专心致志地工作，对待风险，他们也会采取更谨慎的态度。但是，内向型也喜欢聚会，只是规模不需要太大，环境更安静，他们才会感觉更舒适。

远程办公，特别是在疫情隔离期间，常常被认为是外向者的噩梦和内向者的理想之境。诚然，内向的人会从安静的工作环境中获得能量，也会更迅速地适应居家办公。但无论是外向的人还是内向的人，在远程工作环境中都有各自的优势，同时也面临着挑战，他们都可以通过调整自我来更好地适应远程办公模式。

对于外向型性格来讲，远程办公带来的挑战显而易见：他们周围缺少了同事的环绕，也无法从互动中获取能量。居家办公常让他们倍感孤独。过不了多久，安静的工作环境会开始消耗他们对工作的热情。

外向型性格解决这一问题的最佳途径就是积极创造机会，到社交环境中充电。非疫情期间可能更加容易，因为他们可以约上同事共进午餐，或是走进人声嘈杂的咖啡馆，或是晚上到酒吧喝上一杯，与朋友聚餐，又或是其他的社交活动。

疫情期间，外向型性格同样可以采取措施重获工作动力。晚上和朋友约个视频通话，或是参加一场保持安全社交距离的户外活动。工作时，也可以约上团队中其他外向型成员，固定一个远程午餐或是咖啡时间，确保工作日有固定的时间能和他人进行交谈。

外向型员工可能会嫉妒内向型的同事，因为对于后者而言，远程办公可以帮他们逃离充满干扰的办公室环境。但是，和外向型员工一样，内向型员工也必须克服一些性格特质才能在远程办公环境获得成功。

相比面对面的会议，视频通话给每个人平等的发言机会。视频会议中，很有可能两个员工同时发言，对于话少的员工而言，意味着要把发言的机会让给其他同事。这样的会议会让内向型员工感觉干扰过多，特别是有摄像头一直对着他们。他们会认为，会议结束前保持沉默不失为上策。视频会议结束后，重回他们青睐的工作环境，不受打扰，他们也有更多的时间可以从容地思考及处理会议中的信息。

会议外也是如此。内向型员工不太愿意去联系同事，不管是提出问题或是分享看法，因为他们觉得会打扰到对方。如果没有外向型同事鼓励，他们也不太愿意参加公司的虚拟社交活动。你如果有办公室工作的经历，就可能经常看到这样的场景：外向型员工经常四处游说，鼓励团队中性格保守的员工加入队伍，共享欢乐时光。但是，这样的情况在远程环境中很难见到。

正如外向型员工远程办公时需要积极规划，才能满足其社交的需求，内向型员工同样需要时不时地推自己一把，在远程环境中主动发言。一些小的改变都会有很大收获，比如要求自己每次会议提出一个问题或是每次必须主动发言数次。

对于管理者而言，理解这种差异也很重要。就像教师会故意不去提问乐于分享看法或是总是要求发言的学生，管理者也应该认识到，有些员工不太乐意在会议上主动发言，或者积极参加团队的社交活动。因此，有意地鼓励这些员工会有利于提升员工的参与度，促进他们的个人成长。

即使你不是管理者，留心内向型及外向型员工的表现，适时地优化他们的工作体验，也是有益处的。工作时间，你可以邀请外向的同事喝杯远程咖啡或是帮助寡言的同事主动发言，前提是你得搞清楚他们确实有话要讲。这些举措都会带来重大的改变。

恰当使用视频沟通

我们公司同其他公司一样，要求尽可能地使用视频通话，不管是团队内部沟通还是对外与客户联系。相比电话沟通，视频通话更有利于建立彼此间的信任，沟通也更加清晰。以 1 到 10 分计分，如果面对面会议是 10 分，依我看，电话沟通是 4 分，而视频会议可以达到 7 分到 8 分。

新冠疫情迫使许多人初次接触这种会议模式，但并非所有人视频通话时都会感到舒适自在。记得有一次和客户视频通话时，当他们注意到自己的视频影像出现在 Zoom 屏幕上时，立刻躲到了桌子下方。一点也不夸张，他们从视频中消失了。他们之前从没有在那种情况下进行过视频会议。躲是他们下意识做出的选择。

但是，即使我们的客户或者潜在销售对象不愿出现在视频上，我们也会保证开启自己的视频模式。我们认为这样可以建立融洽的关系，提升参与感。同时我们也注意到，我们合作的大多数公司在疫情期间也采取类似的模式。

通过视频很容易看出人们的注意力是否还在，而且常常也可以通过他们的面部表情来判断。一次，我参加了一个销售视频通话。通话中，我们其中一名销售人员因为正在车里，无法使用视频，双方有一搭无一搭地聊了半天，但从潜在客户的视频反馈中，我已经可以看出他对我们的路演不买账了。而我们的销售人员，因为没有使用视频所以不能及时意识到这一点，也没有办法及时地做出调整。

即使如此，也必须认识到视频通话远比面对面会议或是电话会议更容易让人产生疲惫感。这也就是为什么你会听说"Zoom 疲劳"这种说法。这背后有许多科学解释。对于新手而言，他们认为在使用视频会议时，应该和屏幕或是摄像头上的绿点保持持续不间断的交流，时间一长，他们就会感觉到疲惫不堪[4]。

此外，面对面会议时，交谈中稍做停顿很正常，但在视频会议中停顿却显得倍感尴尬，因为参会的人员会担心是否是设备出现了故障，或者他们会通过迅速讲话来化解安静带来的尴尬状况[5]。尽管视频通话被视为技术上的巨大进步，但是越来越多的证据表明，他们比面对面交谈或是电话交谈更让人倍感压力。

目前为止，数百万的员工体会到了连续 4 个小时进行视频会议的疲惫，他们感受到整个过程全神贯注、身心投入的压力。我们大多数人往往不会对着镜子一次盯上几个小时，长时间地盯着屏幕中的自己也会让我们感觉晕乎乎的。缓解这种感觉的一种途径就是使用发言人模式（Speaker View），特别是进行一对一通话时，这样说话人的图像就会更大，我们也更容易集中精力。

我们曾经要求不管何时都要尽可能地使用视频通话，但随着远程会议越来越普遍，我们渐渐地认识到，视频会议疲劳越来越严重，3 到 5 小时的视频通话就会使我们疲惫不堪。鉴于之前许多面对面的会议都转战到了线上进行，因此对于那些成员间关系更加熟悉的内部会议，可以转成电话沟通。这样，通话时，你也可以选择坐在室外，或者到周围走一走，又或者是在家里走来走去让血液畅通起来。

简要概括，有以下掌控远程视频通话的有效技巧

▶ 视频会议留作外部会议、头脑风暴、公司全体会议及涉及敏感话题的内部会议，包括通报员工反馈等。

▶ 同事间非正式会议、15 分钟签到、群组电话（只需接听，不用发言）等均可使用电话会议。

学会使用异步视频

另外一种使用视频进行单向通信的绝佳途径正越来越流行：异步视频，也称作单向视频。

全球化公司的员工遍布世界各个时区已是司空见惯，一个电话想要聚齐所有员工实属不易。全公司范围内发布消息时，与其通知 170 多名员工加入电话会议，不如向每个人发送视频信息，要求他们方便时观看。相比长篇邮件，视频信息更个性化，也更容易制作，同时还能更恰当地传递情感。像 Zoom、Loom、BombBomb 和 Vidyard 这样的平台非常适合录制此类型的视频。

异步视频不仅适用于团队或公司范围内发布信息，同样也有助于个人通信需要。例如，如果你接到一封邮件，需要深思熟虑、谨慎答复，那么相比精心编辑一份详尽的书面回复，快速录制视频进行回复要节省很多时间。因此，与其花上一个小时编辑一封复杂的邮件，不如用不到 5 分钟的时间录制视频，当面回复，回复过程中还可采用面对面交谈的风格。疫情期间，我们团队的一位领导就将书面的月末快报改为了异步视频。她应该不会再调整回去了，因为少一份文件的书写，何乐而不为呢？

许多人并不习惯进行书面沟通。远程环境中，员工书写时很容易就一个重要的问题表意不明，导致团队成员误解其意图或行动方案。异步视频则避免了这一弊端的出现，因为发送者可以清楚表达自己的想法，同时也可以加入语调和肢体语言等重要信息。

异步视频有助于员工的日程安排更具灵活性。如果员工或是同事的问题很复杂，很难通过电子邮件进行回复，你也不必安排会议进行回复。只需要录制视频，发送视频即可。可以确定的是，收信人一定会理解你的回复。

同多数职场沟通一样，了解何时使用异步视频很重要。因为接收人无法及时进行回应，所以异步视频并不适用于一些敏感话题，诸如冲突处理、批评意见反馈，或是其他容易产生争议的情况。同样也不适用于绩效管理。但是，它非常适用于信息下载，诸如过程详解、团队简报、员工培训和同事间汇报项目进展。

一个人对着你讲话你却无法回应，这样的单向信息接收过程看起来不合常规，在一些职场文化中尤其如此。所以，员工制作异步视频时了解这一点很重要。员工需要将视频的内容提前告诉接收方，还应明确沟通渠道，以备接收方有问题或接收反馈时可以进一步讨论。

灵活选择居住地

远程办公的吸引力之一就是可以搬家。一些远程员工只是想搬离所在城市中心区域，而一些员工则想借工作之由搬往其他州甚至其他国家，同时也省去了换份新工作的麻烦。

许多公司是允许员工这样做的，但是在出售房子或者公寓退租前，还有几个几个关键问题需要考虑周全。

首先，应该明确搬迁到哪些地方在公司允许的范围内。如果你要搬到其他州或国家，而在此之前你的公司在目的地并没有雇员，那么你千万不要奢望你的老板会同意你成行并将你继续留在公司。不同的国家、不同的州工作制度不同，税收政策不同，同时福利要求也不相同。有些地方员工生活起来负担过重、成本过高，公司是不会允许员工前往的。这些问题最好在退租或搬家前了解清楚，不然会后悔莫及。

如果你所在公司在目的地已有员工，特别是员工群体已成规模，那么获批前往该州、国家或地区就会相对更容易一些，但是也不要太想当然了。积极联系公司的人力资源负责人，告诉他们你的考虑，并且需要询问搬迁是否可行，以及是否会影响你的薪水、福利等。例如，根据公司的政策，薪水会受到搬迁的影响。公司在制定员工补偿金时会考虑市场的生活成本。如果你搬往生活成本明显更低的城市，公司会对补偿金进行相应调整。事实上，这种做法已有先例。一些大型技术公司宣布，对于搬离旧金山、纽约及伦敦等生活成本较高城市的员工，公司会降低补偿金额度。因为在这些城市生活成本很高，相应地需要较高的收入[6]。

搬迁同样需要考虑税收、福利等因素。如果你的公司为你提供医疗保险，那么搬迁到新址，甚至到不同的州时，你都可能需要加入新的医疗保险方案，因为许多保险商不提供全国范围的医疗保险。不同的州、地区和国家税收政策差异很大，所以提前了解目的地的税收政策很重要。

例如，一些国家或州会根据你的居住地及工作地征税，而另一些则会根据你供职的公司所在地或总部所在地进行征税。若是后者的话，搬迁到税收政策更优惠的地区意义就没那么大了。

灵活选择居住地是远程工作一个重要的优势，但是在决定搬迁前，研究清楚很重要。

丰富体验，工作生活两不误

我们大多数人有这样的体验：上学时扳着指头盼暑假，对假期的自由充满无限向往。

米兰达·巴雷特毕业多年，但每到夏天仍然会有这样的感受，不过是在疫情全球蔓延之前。

自 2017 年起，巴雷特开始全职远程工作，先是在 Member

Success 部门任职顾问，最近升为该部门的副总裁。Member Success 隶属于 The Community Company，一家位于美国的会员协会。巴雷特的生活完全围绕远程工作展开，她的例子可谓完美诠释了如何工作生活两不误。

"如果家里有孩子，而且还是学龄儿童，想在世界各地跑来跑去看上去不太可能。"巴雷特有两个孩子，"而夏天总是充满魔力的，只要我可以安排好夏令营和托儿所，我就可以给全家打造一个快乐的夏天。同时还能坚持工作，也不影响工作效率。"

2019 年夏天，巴雷特和家人旅行了 7 周，其间参观了北卡罗来纳州、佛蒙特州和加利福尼亚州等地。上一个夏天，她带着大儿子到加利福尼亚和夏威夷进行了长途旅行。这些旅行不需要休假也不会占用工作时间。她在正常工作时间工作，管理着一个有 35 名员工的部门，同时在工作时间之外，还与孩子们一起留下了终生难忘的回忆。

尽管疫情使巴雷特 2020 年的暑期旅行计划泡汤了，他们全家人还是做出了一个重要的决定。在阿灵顿的家中，他们必须保持社交距离——巴雷特把阿灵顿的家称作"鞋盒式房子"，所以一家人就搬到了位于弗吉尼亚乡村亲戚家的农场，在农场他们开启了喂鸡、喂羊、养小狗的生活。

后疫情期：远程员工的希望

许多人在 2020 年实实在在体验了一把远程办公，尽管他们无法再现巴雷特的经历，但是她的故事向我们展示了后疫情期远程工作的可能性。

考虑到远程工作的前景，有必要注意，新冠疫情迫使员工居家办公，而疫情期间的办公条件和限制条件绝不是远程办公的真实日常。如果你是疫情期间才首次尝试远程办公，你就必须了解到将来的远程办公体验绝非如此，要轻松容易得多。

等生活的方方面面都恢复常态后，继续远程办公的员工会发现远程办公更加容易，而且在不那么极端的条件下，远程办公更具成就感。这些也是疫情过去之后远程办公最重要的不同之处。

首先，如前面强调的，职场父母工作时，周围不再是孩子居家上课的场景，而在疫情缓解的情况下，父母会考虑在工作日把孩子重新送回校园。

逐渐地，员工会期待更趋于正常的办公场景：家里开辟专门的区域用作办公，采光更佳，技术更适配，环境更整洁，其他职业特色更明显。创建这样的环境需要花些功夫安排协调，但这样会使远程工作环境更舒适、更趋于正常。这样你会感觉仅仅是在居家办公，而不是无法区分工作和生活。

远程员工如果能够利用办公的灵活性去健身房上节课，午餐休息时逛逛超市，和朋友一起喝杯咖啡，或是工作结束后喝上一杯，工作时就不会感觉那么孤立无助了。巴雷特的经验告诉我们，远程员工可以换个地方或者选择新的地方办公，这一灵活性使他们可以利用闲暇时间进行旅行。这些安排需要精心规划，而且需要得到老板的认可，但是对于办公室工作的员工来说，这是根本不可能的。

从更高层面来讲，远程办公使员工生活方式有了更多的选择，能够遵从内心选择他们的办公地点和办公方式。世界上许多人选择居住在城市是因为他们确实喜欢居住在城市，尽管如此，也有一些人选择城市是因为城市提供了本行业就业的最佳工作机遇。数十年来，员工不得不忍受在通勤上花费越来越长的时间，为的是在钟爱的事业和个人空间之间寻求一种平衡，同时代价又是他们可以承受的。

现如今，许多公司提供远程办公的机会，员工可以选择他们心仪的目的地。想在郊区生活方便养家的人可以选择远程办公公司，这样他们就可以按照自己的方式设计自己的生活方式，而且不需要进行职业上的取舍。

夫妻之间也不必承受选择的压力，夫妻一方不必为了另一半的工作机会而放弃自己的职业前往另一座城市。通勤的交通压力会越来越小，公共交通也会越来越通畅。

扪心自问——如果可以自由地选择居住地，且不受职业上的限制，你会选择继续留在目前的居住地吗？还是会远离市中心，选择一个带有家庭办公室，而且面积更大的房子？不管你的选择是什么，远程办公都开启了一个崭新的世界，充满无限可能。

总而言之，疫情结束后，远程员工很有可能会发现居家办公容易得多。对于远程办公持观望态度的人会发现生活回复常态后，远程办公让他们更开心，工作起来更舒服。而本身就喜欢远程办公的人会更加离不开远程办公。

这是工作与生活相融合的新领域。远程办公为员工提供了新的可能，他们可以决定如何将工作融入他们更心仪的生活方式中。他们也不必迁就工作上的机会而勉强自己居住在某地。

尽管如此，远程工作并不适合所有人，也不能满足所有的工作需求。巴雷特的丈夫是《华盛顿邮报》的记者，他整天扳着指头，数着什么时间可以重回新闻编辑室。但巴雷特本身有着多年远程办公的经验，并且还管理着几位远程员工，她相信很多尝试过这种工作方式的人永远不会想再回到办公室。

"没有人会限制你远程办公的方式,"巴雷特说。"我不知道将来的情况如何,但是不管我居住在哪里,从事什么样的职业,我都不愿放弃远程办公给我带来的灵活性。"

第二部分

成功指南：
管理篇

　　员工对自身的远程工作体验掌握着重要话语权。如何安排日程，如何布置家庭办公室，如何分配精力都决定着远程事业是否健康与高效。但是，远程工作如何高效进行，组织领导人起着更大的作用。

　　如果你致力于使组织远程化及取得长远的出色业绩，那么文化上有必要做好适当的铺垫，为员工获取职场成功创造有利条件。文化也应区别于现有的文化。给团队成员提供最佳方案与最佳流程清单很重要，但更为重要的是，仔细审视组织的理念、运营机制及基础设施，确保组织具备健康、高效的远程办公文化。

　　与企业中的其他方面一样，团队的日常运作取决于公司管理层奠定的文化基础。因此，我们先从构成健康高效的远程文化所需的基础条件入手，然后再探讨文化背后的机制。

值得一提的是，我之前对企业文化不怎么感兴趣。坦率地讲，我过去一直觉得许多公司宣扬的文化都是虚伪的，同样，关于使命感、愿景、核心价值等理念都是扯淡，不过是让一大群顾问忙得团团转，费尽心机地想出一些办公室装饰艺术。

多年来，几乎走进每家公司的办公室，都能看到墙上贴满了"真诚""团队合作""正直"等通用型核心价值观。这些陈词滥调不但听起来千篇一律，而且这些公司虽打着理想化的核心价值观旗帜，但实际行动却与这些理念大相径庭。

谈及这个问题，美国联合航空公司是再合适不过的例子了。美联航的核心价值观宣扬："安全飞行，温馨飞行，与你同在，飞越无限。"他们的企业文化建立在"世界互联、人心互联"的企业使命之上。

令人气愤的是，2017 年 4 月，美联航的一名乘客被机场保安拖下一架超售的航班，引发了巨大争议。在做出超售该航班的决定后，美联航拒绝提供足额的经济奖励迫使飞机上任何顾客自愿放弃座位。相反，他们采取暴力手段，将乘客陶大卫拖下了飞机。该名乘客伤痕累累、血迹斑斑，这一场景被其他乘客拍下，并很快在互联网上传开，迅速遭到公众强烈抵制。

为了省去赔偿无辜乘客的几百美元费用，美联航引发了这场轩然大波，最终公司损失了大约 8 亿美元的市值。尽管美联航宣扬的企业文化是"联通世界，团结一切"，而其实际所作所为则是把公众联合起来，加入了抵制它的队伍。

企业中类似的例子比比皆是。由于见多了这样的例子，我常常质疑企业文化，即使文化可能真的适用于我们公司。企业常常宣扬普世价值和公关友好型理念，却从不关注企业中员工的行为，这种表里不一的做法会让企业员工质疑公司的做法与公司的整体理念。

颇为讽刺的是，另外一家航空公司改变了我对企业文化的看法。美国西南航空创始人赫伯·凯莱赫一直是我心目中的商业偶像之一。凯莱赫将一家新兴的廉价航空公司打造成了美国最受尊敬和最赚钱的航空公司。他采用了非传统的思维方式，并在创新方面超越了其他巨无霸级别的竞争对手。

2013 年我参加了一场会议，会议中，演讲人曾有机会采访凯莱赫关于西南航空公司的成功之道。演讲人透露，当他问凯莱赫，从 1990 年到 2000 年，西南航空公司的利润如何超过整个美国航空业时，凯莱赫只回答了一个词：文化。

我原以为凯莱赫会把西南航空的成功归功于公司如何节俭，如何高效，公司的反枢纽战略，巧妙的营销，或者公司传奇式的幽默和客户服务。这个回答促使我彻底重新思考自己对于企业文化的态度。正是从那时起，我开始进行相关研究。

如果你仔细审视西南航空的文化理念，你会注意到它的与众不同。以下是西南航空对自身核心价值观的定义：

西南航空式生活

▶ 勇士精神

▶ 服务心态

▶ 快乐的 LUV 态度

西南航空式工作

▶ 安全工作

▶ 赢得顾客口碑

▶ 保持低成本

相比千篇一律的价值观，西南航空的核心价值观另辟蹊径，为西南航空所独有，而且同公司的良好惯例紧密联系。更为重要的是，其价值观在公司的日常运行中清晰可见。但是问题是，西南航空真的践行了这些价值观，还是只是嘴上功夫？下面的

故事可以帮忙回答这个问题。

2015 年，佩吉·乌勒在芝加哥登上了西南航空的航班，这是她从罗利-达勒姆飞往俄亥俄州哥伦布之旅的第二站。飞机滑行至跑道时，突然掉头返回登机口。机组人员随后通过对讲机呼叫乌勒的名字，要求她下飞机。

到达候机楼后，西南航空的员工告知乌勒，她的儿子在丹佛遭遇严重的事故，目前处于昏迷状态。告知乌勒这一晴天霹雳般的消息后，西南航空的员工将乌勒引到私人休息区，主动为她订了飞往丹佛的下一班航班，确保她是第一个上飞机、最早下飞机的人，甚至还为她提供了免费的餐点。西南航空公司随后将乌勒的行李送往丹佛的医院，并派车从机场接走她。

西南航空没有操作手册来处理像乌勒这样具体和敏感的情况，但他们拥有明确、具体的文化和价值观，包括"赢得顾客口碑"和展现"服务心态"。西南航空价值观独特，通过不断强化价值观，员工知道如何处理突发事件。他们不需要向上级主管申请许可，他们会立即行动起来，在有需要的时候为顾客提供帮助，并取得了很好的结果。这在媒体上得到了广泛的报道，同联合航空的舆论截然相反。

当企业与企业文化融为一体时，便会带来最好的结果。西南航空便是如此。即使无人监督的情况下，员工也知道该做些什么。他们清楚公司的价值观，清楚如何践行价值观，也清楚如何付诸行动。这种心态在远程工作环境中尤为重要。因为远程环境中，员工需要在有限的监督之下尽职工作，同时需要在关键时刻做出关键的决定。

疫情期间，几家组织突然转型远程办公，这更加强调了企业文化的一个重要事实：企业文化不应该只是依赖面对面的沟通，或是频繁的见面与活动来维系。企业文化应创建于不可协商的理念、目标及操作标准，这十分必要，无论是居家办公还是在办公室工作的员工都可以遵循这些理念、目标及标准。

改造企业文化

文化并非自公司成立之时就已形成。凯莱赫完美地诠释了企业创始人数十年来如何影响着企业的基因，文化作为一种力量，驱动着任何规模以及全球影响力的组织的转变。组织在面临变革时刻时，不管是面临全球疫情，还是全球范围内向远程工作的转型，都可以也应该使组织的文化成为变革的焦点。

尽管 WD-40 公司在诸多方面都堪称行业楷模，但其首席执行官加里·里奇仍然对公司进行了重要的文化改革。

数十年来，WD-40一直是具有全球知名度的品牌。如果你之前见过他们公司的产品，你很有可能仍会想起其代表性的蓝黄相间的罐体及红色的帽子。尽管公司产品畅销，具有全球影响力，但当里奇1997年升任首席执行官时，仍然有很大的改善空间。

里奇接管WD-40时，公司已经相当成功，但是公司的员工敬业度只有40%，缺乏信任与透明度是造成不足的原因。

里奇领导着一支分散在全球各地的500人团队。尽管如此，里奇上任后，在任期内将公司的市值从3亿美元增长到24亿美元，并且将WD-40的员工敬业度提升至93%。

同凯莱赫一样，里奇坚持认为公司的所有成果都源于建立并强化正确的文化理念。

"如果没有文化，结果就无法被优化。组织面临的挑战之一就是要在战略和执行之间，以及人员、目标和价值观之间保持平衡，"里奇说，"我认为我们已经证明了战略和执行至关重要。但是如果想要强化战略，特别是执行力，你就必须有高度敬业的员工。"

正如里奇所说，在他接管公司前，在公司内部，知识就是力量。员工很少和其他同事分享最佳方案或是策略，因为他们的价值仅在于他们各自的专业技能层面。同样，员工也不敢寻求帮助或是采取大胆行动，因为整个公司普遍存在着对失败的恐惧。在一个全球团队中，分享有助于整个组织遵循最佳方案，清晰沟通，助力团队的发展。但是 WD-40 的员工却心照不宣地奉行着一条准则：无论男女，皆为自己。实在是令人担忧。[1]

里奇认识到 WD-40 需要进行一次文化大改造，但是他也意识到，对于一家全球化的组织来讲，许多及时性、制度性的变化在沟通和落实时都会困难重重。因此，里奇做出了一个重要的改变，即不断强调学习的重要性，这一改变也重新定义了公司的文化，极具成效。

"我们把握每一种情况，并把它们视为学习的机会。因此，'失败'一词已从公司的文化中淡去，取而代之的是'学在当下'，"里奇说，"这一做法为员工打造了安全区，他们变得敢于分享，不再担心尴尬、嘲讽或是其他的。这是我们企业文化的一个重大改变。"

这个小变化本身并没有彻底地改变 WD-40 的文化，但是却吹响了公司进行文化大改造的号角。员工们也清楚地认识到，公司领导层最关心的是创造持续积极的学习氛围，而学习过程中出现的失败及挣扎也得到了鼓励。员工突然感觉他们有能力学习并且把过程中出现的错误视为教训。公司也教会他们要分享信息，同事之间互相教授，而不是严守自己的专业技能，以最大限度发挥自己对于组织的价值。

借助集体学习氛围，里奇一步步地将 WD-40 的整体企业文化打造成以身份认同、信任与热情为特色的企业文化。公司本身并没有将自己的定位局限于工业润滑剂的销售者，而是以"所用之处，皆有美好回忆"作为自己的使命。WD-40 系列产品就是要帮助客户创造美好的回忆。

今天，WD-40 将其员工看作一个部落，公司承诺员工工作愉快、生活舒心。里奇的团队致力于与客户、同事之间建立亲密互惠的关系。同时，针对所有员工，特别是团队的领导，公司还坚定不移地构建问责制度。

最后一点也最重要。领导者与管理者必须清楚自己的职责，为员工设定高标准并指导员工达成。在世界级别的组织中，尽管员工必须具备一定的尽职与努力程度，但是在具备健康高效文化的企业中，领导也会领悟到领导本身会影响团队的表现。里奇更愿将 WD-40 公司的经理称为教练，并认为带领员工取得佳绩是教练的职责所在。

"如果我们已经尽到了自己的责任，如果我们已经清楚地告知我们的团队成员 A 绩效究竟是什么并就此达成一致意见，那么帮助我们的成员达到 A 就成了教练的职责。"里奇说。

里奇要求自己公司的每一位领导者在教授和领导员工时能够照照镜子反思自身。文化差、效益不佳的组织往往依靠指责与恐吓来管理组织，这样做的原因要么是领导者对帮助员工发展不感兴趣，要么是不擅长。在这些组织中，员工怯于反馈意见，他们每周工作 80 个小时，想要以此来证明对于公司的价值，但换来的常常不是失败的管理带来的挫败感就是核心领导层的冷漠。所有这些因素在远程环境中都会变得更加严重。

显而易见，我们在探究创建健康、员工参与度高的远程组织的细节前，有必要对文化进行广泛的定义。顶级文化，如 WD-40，其核心基础对于远程组织取得最佳表现是至关重要的。员工需要的是能够大胆发挥主观能动性，并且能够在没有监督的情况下工作。需要鼓励他们与同事开诚布公地分享信息与最佳方案。他们需要感觉自己是团队的一分子，他们的工作对于公司发展而言至关重要，他们需要得到公司上下的大力支持。

如果你尝试将公司转型为远程职场，你就需要仔细审视一下公司的文化，并决定公司是否有坚实的基础适合去创建文化。在公司的流程、沟通方式，甚至是愿景与价值观中可能还有一些潜在的问题，如果没有办公场所将团队成员聚集在一起，这些问题就会凸显出来。

那就让我们从定义企业文化与构成其基础的核心要素开始吧。

重新定义文化

现在我们遇到一个关键的问题：文化是什么？经过广泛的思考与研究后，我得出了两重定义：第一，文化是你的组织的运作机制；第二，文化是你不在组织时，员工制定决策的方式。

创建世界一流文化需要真真正正的领导力。组织的领导必须有清醒的自我认识，他们需要了解自己是谁及他们最看重什么。要想创建能够有效领导的文化，从个人的理念和看重的事物中汲取灵感很重要。我认为创建的文化若不能从某种程度反映你的个人价值观，那么文化便不会长久。因为如果不能够反映你的价值观，你就无法真正地驾驭它。

在探索与深化对优秀组织文化的理解过程中，我有幸与数百个组织进行合作并研究了各行各业的高效能公司，包括商业公司、非营利组织、市政组织及其他类型的组织。在这些组织中我发现优秀的企业文化都具备同样的五项原则，我称之为"五大原则"。

五大原则

▶ 愿景

▶ 价值观

▶ 目标

▶ 一致性

▶ 明确度

前三项为核心要素，后两项为催化剂，决定着前三项要素的执行程度。

首先，成功的公司具有清晰的、前瞻性的**愿景**。他们对公司的发展方向有清晰的规划，并能讲好这个故事。他们能够将该愿景明确地表达出来，对公司内部和外部的利益相关者起到激励的作用。

组织努力达成其愿景，并服务于其**价值观**。价值观不可协商，它决定着公司及员工层面的运行机制。在这个方面西南航空公司表现得十分突出。它赢利是因为公司的运营依赖于公司的价值观，而不是对待顾客恶劣的态度及随意地将顾客拖下飞机的行为。

优秀的文化拥有明确的目标，以达成愿景为追求，并能支撑其价值观。在达成愿景的这场比赛中，目标就是你的计分板。如果公司实现了一大堆目标，但都与公司的愿景无关，那么那些目标也是空洞、无意义的。因为他们无法指引你到达目的地。

一致性和**明确度**是愿景、价值观与目标的催化剂。高效的组织愿景始终如一，价值观始终如一，目标始终如一。员工不需要担心公司的核心目标和理念会随着时间而改变。同样，这些组织还拥有明确的愿景，明确的价值观及明确的目标。所有员工都明白这些理念是什么，以及在日常的工作中如何去遵循这些理念。

对于远程组织而言，文化不应只是一串粘贴在墙上的流行语。事实上，远程组织甚至连展示这些陈词滥调的墙都没有。在接下来的内容中你会看到，确保所有员工能够快速明确组织的愿景、价值观及目标，并清楚如何在日常工作中践行这些理念至关重要。

你可能会有疑问，"讨论优秀文化的时候怎么能够不考虑人的因素呢？"任何公司的成功都离不开人的因素，这是显而易见的，但是，只有先确定你要创建什么样的公司，才能够确定合适的人选。不然就是本末倒置了。对于远程办公公司而言更是如此。如果在没有明确公司理念和目标的情况下就尝试招聘团队人员，那么你招来的人可能并不是组织的合适人选。

在体育界中，总经理在招聘球员之前会先招聘教练并确定球队的战略，因为球员需要适应球队的战略。甲战略中表现优秀的球员可能无法很好地适应乙战略。组织的优秀源于团队的整体成功，他们不会为了某一位球员改变他们的战术或是整体战略。

以上5个特质是决定组织成败与否的最关键因素。下面让我们一一细讲。

清晰描述公司愿景

在加速伙伴营销公司，我们将愿景描述为"改变工作生活范式，引领伙伴营销革命"。这是我们公司的主题口号，对这一愿景产生共鸣的人会条件反射地想要加入我们的团队，因为对他们而言，这些是真真切切的。尽管陈述愿景是至关重要的一环，但是还有必要更进一步，针对现有的员工及潜在的员工，将愿景变得更加真实。

关于如何做到这一点的指导，我从我的两位朋友，加拿大著名商业思想家布赖恩·斯丘达莫尔和卡麦隆·赫洛尔德那里受到了特别的启发。斯丘达莫尔和赫洛尔德之前共事于一家全球商业垃圾处理公司。斯丘达莫尔是公司的创始人兼首席执行官，而赫洛尔德是公司的第一任首席运营官。两位搭档扩大了公司的规模，并在此过程中推广了变革型领导方法。2000年，公司的收入停滞在100万美元，斯丘达莫尔认识到他和赫洛尔德需要大胆制定愿景，描绘公司未来三年的发展蓝图。他前往自己的小木屋待了几天，并描绘了三年后，也就是2003年，公司的情况，他称之为"描绘图画"，包括一份叙述性文件，描述了三年后公司领导层和员工在公司工作的具体情况。

斯丘达莫尔将"描绘图画"制作成了一页海报，张贴在公司的总部。这份文件涉及很多细节，不仅讨论了特许经营扩张等商业成就，还讨论了员工和客户如何分享他们在公司的经历等更多个人细节。斯丘达莫尔甚至将在《奥普拉脱口秀》中亲自亮相也列为他计划的一部分。

截至2003年，公司已实现了远景规划中提出的96%的目标，并正走向指数型增长的道路。时至今日，斯丘达莫尔为该组织绘制了一幅新的"描绘图画"，该组织的年收入每隔几年就增长到2.5亿美元以上。[2]

值得一提的是，斯丘达莫尔在 2003 年确实出现在了奥普拉·温弗瑞的脱口秀节目中，这也是计划的一部分。

后来，作为商业教练，赫洛尔德把这一做法演变成为训练并命名为"清晰愿景"。该想法的关键在于用现在时态描述未来，详细描绘未来公司的状况及员工的行为方式。

在斯丘达莫尔和赫洛尔德的启发下，2016 年底，我们决定坐下来写一份我们公司的"清晰愿景"。[3] 公司的第一版"愿景"中描述了 2020 年 1 月 1 日公司的状况。

在"愿景"中，我们写道，公司的收入将增长三倍，员工人数增加到 100 多人。我们计划写第一本关于伙伴营销行业的书，书名为《绩效伙伴关系》（ *Performance Partnerships* ）。我们将赢下几个重量级企业文化奖项，特别是我们之前没有得到的。我们将在 4 个国家开展全球业务。

这在当时看起来十分大胆。我们团队中也充斥着怀疑的声音，不得不承认，我自己也是有疑虑的。但是，我们开始在更大的范围内分享我们的愿景，包括我们的团队成员、潜在员工、顾客及合作伙伴。我们甚至也将愿景分享给了我们的银行，因为我们想申请增加信贷额度。他们在看到我们先前的预期——得到落实后，同意将我们的额度增加一倍。清晰的愿景成了我们未来道路的启明星，同时我们也可以以此吸引到志同道合的伙伴，构建目标，以及量化进展。对我们的愿景不感兴趣的人，也获得了退出我们共同旅程的机会，对双方都是互惠互利的。

2019 年末，公司年会庆祝实现了几乎所有的目标。而在年会之前，我已经花了两个月的时间坐下来，耐心书写下一个"清晰愿景"，也就是到 2023 年 1 月 1 日，公司将会是怎样的状况。我们计划如此循环下去。

澄清公司价值观

核心价值观是公司优秀员工必不可少的基因。在招聘员工的时候必须了解清楚，因为如果他们不具备或者没有展现出核心价值观，他们就不适合你的组织。核心价值观也应该明确表达出来，客观且可衡量，这样你就很容易衡量一些人的行为或表现是否契合公司的价值观。认同公司核心价值观的员工只要在合适的位置上就能回馈公司最优秀的表现。

例如，组织的核心价值观是里奇和他的团队创建 WD-40 文化的标志。具体地说，WD-40 的价值观是分等级的，也就意味着在给定的决策或情况下，若价值观之间出现冲突，高级别价值观优先于低级别价值观。

六大价值观（按照等级顺序，排名越靠前越重要）

▶ 我们重视做正确的事情。

▶ 我们重视在所有关系中创造积极持久的回忆。

▶ 我们重视不断超越自我。

▶ 团队成功与个人卓越我们两手抓。

▶ 我们重视内化价值观并积极付诸行动。

▶ 我们重视 WD-40 经济可持续发展。

在讨论员工时，里奇喜欢说，他公司的任何一名员工，无论是依据单个或是多个核心价值观做决定都不会出错。即使他们犯了错误，或者出现了需要进一步学习的时刻，也都可以被原谅，他们会从中吸取教训，只要他们的决定是为核心价值观服务的。作为领导者，你对于自己公司的价值观是否也如此充满信心呢？

关于核心价值观，越精练越好。

我们最初发展公司自己的核心价值观时，一共有 6 条：责任感，解决问题，不断超越，完成任务 + 追求卓越，真正的合作伙伴关系，没有混蛋。之前我很喜欢我们的核心价值观，觉得它们特别完美，但即使是我本人也需要用首字母缩写来记住它们。我参加了一个为期 3 年的创业硕士课程，第一年，作为关于文化的讨论的一部分，我们班上一位女学员，本人拥有令人印象深刻的企业文化，慷慨激昂地阐述了公司只需 3 个核心价值观的理由。通过 3 个简单的核心价值观，公司阐明了对业务来说最重要的东西，这种方式便于记忆、理解和应用，不需要借助积极策略或首字母缩略词。她还分享了自己的看法，认为有五六个价值观的公司往往价值观有重叠的内容，这些价值观同属于一个更高层次的概念。

一番思考之后，我认识到她是正确的。我们重新评估了公司的核心价值观，其中很多内容是相似的并且可以合并。现在，我们将核心价值观精简到 3 条：**拥有它，超越与完善，拥抱关系**。我们公司的每一位员工应该都能说出这三条核心价值观。我们每天都在谈论核心价值观，我们的经理们不断地教导和强化核心价值观，核心价值观也决定了整个组织中每个人的行为模式及组织的奖励机制。

在领导远程组织时，你必须投入时间和精力来确保你们的核心价值观是一致的。在远程环境中，理念必须清晰、易于理解，以便人们在无人监督的情况下能够使用这些理念来指导他们的行动和决策，这样你就知道团队是在同样的理念下运作的。

核心价值观还会有效帮助你识别哪些员工适合你的团队。如果未来的员工看起来无法体现公司的价值观，我的经验是，长远来看这些员工也达不到预期。例如，喜欢协商决策同时又需要经常监督的人，在一个依靠自主性和主动性的组织中不会有突出的表现。他们很可能更适合于重视这些属性的其他组织。

同样，核心价值观是促使员工在组织中获取成功的基因。它们不是墙上或传单上共享的营销材料。核心价值观应该决定你对团队的期待值及什么行为值得奖励。

拥有少量的核心价值观，更容易评估员工是否在效仿那些理念。如果拥有6个核心价值观，就像我们团队过去一样，很容易认为员工达到6个核心价值观中的5个就足够好了。但如果公司有3个核心价值观，就像我们现在一样，如果你只符合其中的2个价值观，那分数就只有66分——按照大多数卓越标准来说，这是不及格的分数。而当衡量的标准数量有限时，确定员工是否适合就会容易得多。

核心价值观应该成为组织中不可分割的组成部分，指导管理层的所有关键人事决策，并成为决定如何进行奖励、提升和认可员工的最重要的标准。在向员工提供反馈并帮助他们改进时，核心价值观也应该是一个重要的评估因素。在我们公司，我们甚至会针对每条价值观颁发年度奖项给相关员工。

核心价值观

► 招聘

► 重大战略决策 / 头脑风暴

► 业绩管理对话和决定

► 晋升和加薪

► 表彰计划和奖项

► 项目汇报

► 公司沟通

► 明确问题

► 顾客或客户反馈

制定可衡量的目标

目标是有助于增强自身责任感和团队责任感的关键指标。对于团队或是客户而言，目标不应仅仅是听上去令人印象深刻的指标。各个目标应互为依托，为团队精心打造的愿景和价值观服务。

如上所述，组织的长期愿景应该是制定年度目标的基础。

每一个年度目标都需要达成，这样才能够在截止日期前达成愿景的核心内容。因为我们的"清晰愿景"期限为 3 年，我们的团队将这三年切分为 12 个季度，每一季度包含各自的目标和关键衡量指标，供我们完成相应的指标。然后我们公之于众，让整个团队都可以看到。

在任何一个组织，问责制都很重要，在远程组织中尤为如此。问责的最佳做法是将所有事物纳入同一系统中供整个团队使用，同时系统提供实时更新和进度表。我们目前所使用的是名为节拍器生长系统（Metronome Growth Systems）的在线工具，它可以跟踪每个人的目标，从领导团队到普通员工。但有很多其他工具也可以做到。每个人的衡量指标、目标和每周完成指标的进度在公司内部清晰可见，每一指标都被分配相应的人员名字，并用红、黄或绿光来标注他们的工作进展。

这对于整个团队做到团结一致至关重要。团队的每一位成员都可以查看他们自己的年度目标和年度衡量指标，并考虑它们是如何纳入同一时期整个组织的目标中。对于较低级别的员工来说，他们的工作是完成组织整体目标不可或缺的环节，了解这一点至关重要。

同样，高层领导的问责机制相应产生。执行团队不应该隐藏他们的目标和衡量指标。这些数字在整个组织中应清晰可见，这样他们就可以制定标准，并确定问责制。

关于我们的远程工作文化，最常被问到的一个问题是，员工居家办公，你怎么确定员工是否完成工作任务？答案是，当公司的目标和支撑公司目标的员工目标都清晰透明地制定出来时，那么关于员工的目标是什么及目标的重要性，就不会产生任何歧义了。

那些始终未能完成目标或履行承诺的员工明白他们虽然会得到支持，但也会被追究责任。这便成为另外一个绝佳的自我选择机制，紧紧围绕我们的首要核心价值"拥有它"。受到这种问责机制激励的员工正是来到加速伙伴营销公司工作并能留下来的人。但问责制并非我们的文化所特有的，它是适用于任何组织的普遍原则。当每个员工都了解公司对他们的期望时，组织的整体表现会更好。

我相信结果是最重要的，员工的表现是由衡量指标决定的。在我的职业生涯中，我从来不会把与经理面对面的时间放在第一位，也不认为加班工作才能彰显尽责。大多数顶级组织都认识到，对员工来说，最重要的是实现他们承诺要完成的目标。这会鼓励员工更聪明地工作，而不是单纯花费更大的力气或是更多的时间。

在销售过程中我们能很直观地感受到这一点。如果一天下来没有销售业绩的话，没有人会在意销售人员打了多少个电话，参加了多少次会议，或是工作了多少个小时。销售人员依据产出得到奖励，而不是投入。一位销售员每天工作2个小时卖出5万美元，另一位销售员每天工作12个小时卖出1万美元，周日工作2次，两者相比，你会更青睐前者。

一些组织管理员工，或是通过规定面对面交流时间，或是鼓励投入时间和精力，他们这样做的原因要么是没有设定合理的结果预期，要么是没有能力让员工尽责，因此这成了他们必须衡量的唯一标准。这时就需要一致性和明确度这两个价值观发挥作用了。

保持一致性

最后，我们来谈谈愿景、价值观和目标的关键催化剂。第一个是一致性：被证实有效的流程要坚持遵守，决定卓越程度的标准要坚定支持。我们有几个始终坚持的工作流程，助力我们走上正轨。

我们的公司会议、领导层会议和团队会议定期举行，并都遵循同样的节奏。在公司的会议中，各部门每次都以相同的顺序出现，我们会突出介绍彰显核心价值观的典范员工，并对业务至关重要的关键信息反复强调。我们公司不会每天进行碰头，因为我们的员工跨越了不同的时区，但我们的团队会召开周会，而且我们公司上下每隔一周都要参加同一个会议。

我们每年举行两次面对面会议，我们称之为"枢纽会议"。会议上，我们将所有区域的员工聚集在一起，分享经验，并为我们的领导团队提供反馈。这个枢纽战略将在后面的章节中详细解释，它使我们得以每年两次在两周的时间内与公司的大多数成员进行面对面的会谈。我们还举行了年度面对面的会议，称为 AP 峰会，在接近年底的时候，整个公司员工聚集在一起。在接下来的内容中也会有更多关于这个问题的讨论。

我们记录了每件需要重复事件的核心流程。我们不断地告诉我们的员工：如果你不知道如何做某事或者你之前没有做过，我们会提供最佳实践供你遵循。这并不意味着我们的核心流程是完全僵化的。根据"超越与完善"的核心价值观，我们鼓励任何人在可能的情况下找到改进这些流程的方法，但我们鼓励员工将这些改变与大家分享，以升级我们的运营系统。这样，我们就能确保个人的改进能够为所有员工共享，同时完善我们的最佳理念。

如果你希望在组织中构建一致的流程和标准，我强烈推荐使用标准系统，这个系统包含了一系列的工具和最佳实践。

成长公司经常使用两种较为知名的系统，其中之一是"瞪羚企业"（Gazelles），在维恩·哈尼什的优秀商业成长著作《指数级增长》中有详细的介绍；另一个是创业运作系统国际版（EOS Worldwide），概念源自吉诺·威克曼的畅销书《掌控力》。OKR，又称目标与关键结果法，该系统颇受欢迎，也被诸多大型组织所采用。

这些操作系统将数百年来围绕战略规划、目标设定、执行、会议节奏和结构的最佳实践汇集到统一的软件包中。如果实施得当，这些系统便是帮助企业团结一致的黏合剂，确保每个人都按照已验证的标准和流程操作，并保持一致性。

确保明确度

第二个关键的催化剂是明确度，首先要向员工明确我们的愿景、价值观及目标。除非员工真正理解这些核心概念，理解他们在公司大局中扮演的角色，他们才能够完成我们需要他们完成的工作。

甚至在员工加入公司之前就需要明确一些内容。职位描述过于模糊，充斥着泛泛的职责描述、流行语，甚至诸如"销售和市场营销"等竞争性利益的概念，这种现象太常见了。相反，在应聘过程中，我们希望应聘者知道，如果他们被录用，公司对他们会有什么样的期望值。我们的每一个职位描述都包括5个核心工作职责，这是员工在该职位中必须履行的最基本的职责。我们还明确了衡量标准和质化结果，并将根据这些标准和结果来判定入职6个月及12个月后成功与否。在上述时间段里，绩效评估应该不会出乎员工的意料——员工可以参考职位描述，来评估自己是否达到了预期。

当管理者评估员工时，评价更具客观性。然而对于个人所关心的员工，很难做到如实评估，因此我们创建了一个系统，经理们必须根据核心价值观、季度目标和核心工作职责对员工进行具体评估，以确定这些员工是否达到了目标。

明确性还延伸到组织的透明度。我们采用了开卷管理，不仅体现在目标和衡量指标上，而且在财务上也是如此。如果想让员工为公司利益着想，他们需要了解对业务整体健康运行至关重要的财务指标是什么。我们培训每一位新员工了解公司的财务指标，解释利润、现金流、息税前利润（EBIT）和其他关键指标，并在定期的公司电话会议中向整个公司通报这些财务数据。公司账簿公开，每个人都知道公司在各时期的处境。

要做到这一点并不容易，因为对许多领导者来说，公开收入和利润等内容特别恐怖，但这对于明确组织的状况和重要事项有很大的帮助。如果员工不了解公司目标可能会带来的财政问题，我们怎么能让他们对结果负责？更重要的是，财务透明度使得整个团队有机会来解决问题并利用好机遇，因为他们拥有做出最佳决策所需的数据和财务知识。

另一个重要的观点是：明确度不仅仅是解释清楚事情，还需要尽最大努力确保每个人都理解游戏和规则。同一件事人们需要多次听到才能充分理解它。

很长一段时间里我都低估了这种现象。我之前认为人们会完全理解我重复过一两次的内容，但结果并非如此。于是便有了"七次法则"的用武之地。传奇领导力思想家帕特里克·兰西奥尼坚信，任何首席执行官都是首席重复官。组织领导者必须多次重复愿景、价值观、目标和衡量标准等内容，以确保整个团队能够吸收。7次听起来有点多，但当公司在稳步增长，不断有新的员工加入，想要确保充分的理解时，这样的重复频率是必要的。

所有这些加起来就是一个组织的全貌——公司看重什么，公司绩效如何，以及公司未来的发展方向。因为我们明确了这些关键特征，所以员工可以决定他们是否想为这个组织长期工作。同样重要的是，上述价值观在帮助组织寻找、招募及雇用合适的人才以完美地执行这些核心内容起到了很大的作用。

第四章
如何招聘合适的员工

一旦明确公司期望的企业文化内容，招聘就成为首要的关键因素，以推动公司发展健康的高绩效文化。建立企业文化，甚至是发展企业过程中所犯的大多数错误往往都是因为招聘了不合适的员工。这些错误让企业处境艰难，代价昂贵。

不合适的员工是指那些不认同你的价值观，或者不想对结果负责的人。如果你招聘了不合适的员工，特别是在远程环境中，就很难把他们培训成合适的员工。培训员工是至关重要的，但培训资源应该投入到潜力大的员工身上，帮助他们成长和发展，而不是帮助那些不适应企业文化的，或是能力不足的员工达到平均水平。你所看重的一些品质、价值观和特性，在成年人身上改变可能没那么容易。你需要明白哪些特质通过培训可以获得，哪些必须作为一揽子计划的一部分接受；这通常是才能或特点与技能之间的权衡问题：拥有良好的判断力是才能或特点，而擅长 Microsoft Excel 是一种技能。

像远程工作的方方面面一样，关键是你得确保招聘经理拥有最佳的招聘方法、面试技巧和决策策略。在我们深入研究招聘远程员工和远程面试过程的具体细微差别之前，我们需要先确定一个适用所有类型工作场所的招聘策略。

建立有效招聘机制

在招聘方面，组织领导人可能犯的最大错误是依靠本能来决定应聘者是否适合他们的公司。有效领导力的内容需包括了解自己的局限性及明白如何减少人为错误。俗话说："我们只信奉上帝。其他人都必须携数据前来。"

尽管我们要探讨如何招聘远程工作环境中表现出色的员工，但事实是，为远程工作组织招聘员工的最佳方式是全方位地进行有效招聘，而在这一点上，今天大多数公司做得都不是很好。公司如果拥有严格谨慎的招聘方法就可以在任何环境下有效地招聘员工。

关于招聘，影响我最深的就是杰夫·斯玛特博士。他是斯玛特公司（ghSMART）的首席执行官，也合著了《聘谁：用

A 级招聘法找到最合适的人》一书，这本书是市场上关于招贤纳士的最佳图书。

20 世纪 90 年代，斯玛特在克莱蒙特研究生院德鲁克管理学院获得博士学位，师从传奇管理大师彼得·德鲁克。在德鲁克的课堂上，斯玛特为一家世界级咨询公司制订了商业计划，着重于招聘和培养人才，而他通过 ghSMART 实现了课堂上的愿景。

斯玛特花了 20 多年的时间分析人才招聘数据，创建分析性招聘策略，帮助诸多公司改进招聘方法，他逐渐得出一个明确的结论：大多数招聘经理真的不知道自己在做什么。事实上，许多招聘经理几十年来一直在重复无效的招聘方法。

斯玛特说："有很多本土的面试问题或方法，然而效果好的方法却很少。""这不是招聘人员的错。我们在高中、大学，甚至在大多数研究生院都没有接受过如何招聘员工的培训。"

根据 ghSMART 的研究，全球招聘经理的成功率只有 50%。这一现实很可悲，它意味着，全世界的面试官在进行任何招聘时，把决定权留给硬币，得到的结果也基本上是一样的。

现实情况是，即使是最有洞察力的领导者，也没有一种万能的招聘技巧可以明确表示，某人是否具备在特定文化中获得成功的秉性，是否具备完成手头工作的基本技能，是否具备随着时间的推移与组织一起成长的能力。此外，也绝对没有任何一个面试问题能完美地告诉你关于应聘者的一切，尤其是在今天，面试准备资源能够帮助应聘者掌握传统的问题，并告诉招聘面试官他们想听的内容。

斯玛特说："人们总是问我，'万能的面试问题是什么？'或者'最佳面试问题是什么？'""关键不在于问题本身，而在于整个招聘机制。没有完善的招聘机制便不会有完美的结果。"

从斯玛特和他的团队身上学到的最重要一点就是：招聘更多的是一门科学，而不是艺术。与其依靠自己的直觉，不如建立招聘机制供公司的每一位招聘经理遵循，以最大限度地减少人为错误，让面试官更容易地进行尽职调查。否则，你可能会错过一些至关重要的东西，从而导致你忽略了合适的应聘者，又或者是选择了不合适的应聘者。

斯玛特建议面试官不要花太多时间问应聘者假设性或抽象性的问题，原因是假设性的问题通常会导致假设性的答案。不幸的是，这类问题往往在求职面试中占据主导地位。你在面试中肯定会被问到你最大的优势是什么，你也可能会被问到如果你被录用，在未来的工作中你会做些什么。这些问题的答案并不能说明你在未来职位上的表现会如何，也不能说明你是否适应公司的文化。

相反，斯玛特认为，通过应聘者的工作履历来了解他们更为有效，了解他们的成就，他们的收获，他们同经理的相处模式及他们离职的理由。通常，这些基于行为的问题往往根植于应聘者过去的具体经历，可以揭示出应聘者的某些品质或倾向，并预判他们未来的行为，甚至可能彻底改变你对应聘者的看法。你不仅要提问，还需要给应聘者充分的时间来回答问题，并不断探索更深层次的细节。

斯玛特还建议面试官帮助应聘者回顾他们整个的工作经历，并密切关注那些需要跟进问题的细节，以此来制定此类就业履历问题。斯玛特发现，如果你让员工描述一个展示他们某种品质的例子，这就给了他们机会，让他们有选择地分享过去的细节，这些细节将他们修饰得更好。想要更全面地了解一个人的职业表现，更好的方法就是揭示他们职业生活中不愿意与人分享的方面。

关于探究应聘者的过往履历，斯玛特最喜欢的例子来自他亲自进行的一次面试。斯玛特翻阅了应聘者的职业履历，并询问他为什么离开上一个职位。应聘者回答说，他和首席执行官在公司的战略方向上产生了意见分歧。对于这个提前准备好的回答，斯玛特并没有满意，而是用提问开放问题的技巧去探寻更多的细节，比如"然后发生了什么？""还有呢"，然后安静地等待应聘者回答。

在回答了几个问题之后，这位应聘者透露，他在董事会会议上冒犯了公司的首席执行官。如果是经验不足的面试官可能会就此打住，但斯玛特不断询问想要获取更多细节。这样一来，他知道了首席执行官会议结束后在办公室当场解雇了这位应聘者。大多数人可能会满足于这个回答，但如果继续追问一句"接下来发生了什么？"就会得知这位应聘者打了首席执行官一巴掌，并因此被解雇，导致300万美元的股票期权被没收。这一事件被称为价值300万美元的耳光。

这位应聘者当然和首席执行官有过意见分歧，而且这个分歧还特别激烈。

想象一下，应聘者对于假设性问题给出了令人满意的答案，因此你为你的管理团队招聘了该名员工，但后来才发现他当着董事会的面冒犯了老板，并进行了殴打。显然，这也不是你想得到的结果。

对于非常重要的事实和员工的过往，斯玛特不会通过问应聘者他最喜欢哪种动物，或者他五年后的职业前景来判断，也不会仅满足于表面上的答案，就移步下一个问题。

这种方法适用于询问员工以前的远程工作经验（如果他们有的话）。如果应聘者说过去他们有过远程工作的经历，不要仅仅从表面上看这个答案，不妨问问他们关于居家办公，他们最喜欢哪一点，他们如何保持工作效率，以及他们如何利用居家工作带来的灵活性。

招聘灾难发生得太频繁了，而在自主权更大和监管更少的远程组织中，这些错误破坏性更大。如果你在一开始就招聘到不具备工作技能的员工，又无法经常进行当面监督和辅导，你就很难把他们训练到你需要的水平。有一条规则我们公司始终在遵循，那就是：我们训练的目标从来不只是让员工达到平均水平。

如果不去观察新进员工最初几天或几个月在办公室里的表现，就很难发现他不适合公司的文化。你不会看到他们翻白眼，不会听到他们不合时宜地提高嗓门，也不会看到他们在休息室里对待他人不恭敬。在连续几个季度表现不佳之后，你才会意识到他们无法有效地激励团队，或者无法对团队负责。最糟糕的是，在他们疏远了其他员工，破坏了客户关系，或者犯了代价高昂的财务错误之后，你才会发现原来他们真的不值得信任。

避免该陷阱的最佳方法就是用斯玛特教授的那种招聘机制来减少偏见和人为错误。鉴于招聘远程工作者的细微差别，你可以结合斯玛特的模板并自定义招聘机制，同时体现员工需要效仿的核心价值观。接下来让我们深入了解一下具体实施的细节问题。

当依靠直觉或直观感受时，我们更倾向于招聘与自己相似或与我们有共同优缺点的人。这不是组建高绩效团队的方式。相反，最佳团队是由拥有相似价值观但技能和特点又互补的人组成的。

我们也常常会选择我们喜欢的应聘者，但他们在职位上并不一定会出类拔萃。事实上，对于不想聘用的人，我发现最好还是相信自己的直觉，特别是激发了你的直觉，而你却无法明确的东西。然而，仅仅依靠本能去聘用员工从来都不是良策，除非有证据来支撑你的决定。

通常情况下，招聘经理在组织结构中的地位越高，他们的科学严谨程度就越低。组织领导人，尤其是首席执行官，经常会有他们最喜欢的非常规面试问题。比如："什么动物最能代表你？"或者"你认为自己五年后会做什么？"问题就在于这些问题不具备数据上的有效性；你可能认为你雇用了一位优秀员工，因为他们的回答是"狮子"，但你不知道是否错过了答案不同但更优秀的员工，因为没有对照组。

同样，应聘者针对五年愿景可能会准备一个完美的答案，这个答案他们已经用了十年，但却没有取得针对性的进展。凭直觉招聘偶尔也能奏效，每个经理或领导都能跟你分享他们曾经用非常规招聘方式招聘到了明星员工，但如果一平均，就会发现错误的代价太大。像赌博一样，你听到更多的是赢家的消息，而不是输家的消息。

招聘合适的员工，首先要明确该职位需要哪些技能和特质，应聘者怎样才算是成功，应聘者需要负责什么后果，这些都至关重要。鉴于此，全面的职位描述至关重要。如果员工接受了一份工作却不知道职位对他们有何期望，那么他们在公司的最初几个月，甚至最初几年将会是不断尝试不断犯错。

相反，职位描述如果能明确地定义工作职责，可被视为员工的工作情况报告，成为未来绩效考核的一部分。评估新员工工作进展时，就不会出现令人意想不到的情况了。当你完全清楚员工身上哪些特质对公司而言极为重要时，你就可以第一时间确定他们是否是合适的人选，也不再需要浪费几年时间观察此人是否有改善的空间。

正如我前面提到的，我们试图通过标准化流程，尽可能地从招聘过程中去除人为错误和偏见。要求每一次招聘都包含价值观问题和能力倾向测试，将有助于在招聘过程中建立客观的标准。为了进一步规范我们的流程，我们使用了智能管理系统 Greenhouse 对应聘者进行云跟踪，但市场上有很多类似的系统供你探索。

　　我们的应聘者跟踪系统使得面试官可以针对每个面试问题对候选人进行评分，创建计分卡供招聘团队其他成员查看。招聘过程中可能会出现诸多无意识的偏见，该系统可以帮助面试官将自己的评分与他人的评分进行对比，并最终做出客观明智的决定。面试官会有具体的打分指南，根据回答的质量从1到10分进行打分，指南会举例说明应聘者哪些回答是重要的，哪些不是。

　　即使你无权决定是否使用此类系统，但是在招聘过程中引入某种标准流程对应聘者进行评估和对比还是很有帮助的。例如，即使创建一个电子表格，列出职位描述中的所有标准，并要求面试官针对每一项给出具体分数，也会使招聘流程更为标准化。

　　当团队成员聚集在一起做最后决定时，他们会将面试过程中的所有评分与最初的职位描述和招聘标准进行比较。最后一轮的另一个关键所在是邀请客观的第三方加入招聘过程，这是硅谷的惯例，因为第三方没有团队招聘任务不存在紧迫感。他们站在招聘公司的角度，对整个招聘过程进行牵制与平衡。因为这些人不需要做决定，所以他们往往能够指出招聘团队所忽略的候选人数据盲点。

最后，在做出每个招聘决定时，负责招聘的人会询问招聘团队，应聘者是否优于 90% 的申请者，应聘者是否能够提高团队的整体水平，是否有人愿意为此次招聘负责。发出入职通知之前，招聘团队必须确认此次招聘结果符合所有这三个要求。

有些应聘者被公司录用是因为在招聘过程中没有人极力反对。在我们建立的招聘制度中，除非有人负责任地力挺应聘者，否则就不雇用任何人。

远程面试注意事项

疫情期间，许多组织已经被迫掌握如何通过视频面试招聘员工。如果你从未体验过面试的时候面试者不在现场的情况，那么想要充分了解面试者并把他们想象成未来的员工，可能会觉得很有挑战性。

然而，斯玛特认为，远程面试并不一定会成为有效招聘的障碍。他说，事实上，避免长时间的面对面面试，包括在办公室之外的面试，比如在餐厅或高尔夫球场，实际上会使招聘经理更倾向于使用本能和直觉等不可靠因素。通过视频面试招聘员工的组织应该将其作为上述招聘系统的试验场。

"你需要拥有真正有效的面试方法，"斯玛特说，"必须以事实为基础，必须以过去的经历为导向，必须收集数据。"

进行远程面试时，需谨记，你很难看到面试者的肢体语言，这很重要。在面对面的面试中，通常更容易确定问题是否让应聘者猝不及防，或者应聘者是否在回避讲述之前职业经历的全部情况。正因为如此，视频面试官必须密切关注对方在说什么，以确定什么时候追问跟进问题或要求讲述更多的细节。

虽然通过视频通话进行面试有其不足之处，但它也为远程组织雇用员工提供了独特的优势。在某些方面，远程面试让你更好地感受到面试者在远程工作环境中会有怎样的表现。如果应聘者对视频通话感到不自在或效果不理想，这可能不是一个好兆头，因为他们日后的交流可能越来越多都是通过远程方式进行的。

远程面试也让你有机会了解应聘者在建立远程工作空间时对细节的关注。在第一章中我们讨论了设置专业的工作空间对于居家工作的必要性，观察面试者如何在视频面试中呈现自己，可以很好地衡量他们日后一旦真正加入你的团队，会花多少心思和精力来呈现自己。如果面试者在嘈杂的空间和你进行沟通，使用的耳机或麦克风效果不佳，又或者在杂乱的背景下加入视频通话，这些都会告诉你将来他们作为团队的一员将会以怎样的方式呈现自己。

为远程环境进行招聘

许多怀疑人士表示他们不相信在像我们这样的远程公司中，团队成员居家工作会有如此高的效率和如此强的责任感。如果按照他们所想的那样，他们可能错误地认为所有员工具有相同的适应能力。

现实中，为具有远程文化的公司雇用员工需要特别的方法，包括明确员工是否具有居家工作的特质并聘用这些员工。具体地说，最有效的远程公司会对应聘者进行评估，确定他们远程工作情况下能否保持工作的专业性和个人健康。

具有居家工作经验的应聘者未来更容易取得成功。某些情况下，我们会遇到有过居家工作经验的应聘者，要么是全职居家工作，要么是每周居家办公一两天，他们清楚自己很享受这种工作。然而，可能你聘用的很多员工之前并没有离开传统办公室工作的经历，而上述特征和品质在这些应聘者之前的工作经历中可能没有明显表现出来，因此，你必须能够识别出上述特征和品质。

如果你想问潜在的远程员工一些问题，这里有一些例子，既适用于具有远程工作经验的应聘者，也适用于没有远程工作经验的应聘者。

针对具有远程工作经验的应聘者的行为性面试问题

▶远程工作的灵活性给你的生活带来了怎样的改变？

▶你能分享由于没有与团队成员面对面合作而为一个项
目苦苦挣扎的例子吗？以及你是如何应对的？

▶当你最初开始远程工作时，办公室工作的哪些方面是
你最怀念的？

▶你能分享不进行面对面交流的情况下与同事有效沟通
的例子吗？

▶居家工作时，如果感觉被限制或产生孤独感，你会怎
么做？

▶过去居家工作的经历中哪些方面是你最不喜欢的？

针对没有远程工作经验的应聘者的行为性面试问题

▶之前是否有过短时间的远程工作经历，无论是居家工
作还是在旅行中工作？

▶办公室工作中，就你个人而言，最有价值的是什么？
最有挫败感的是什么？

▶工作之外所做的事情有没有受到你当前工作日程的

限制？

▶你认为远程工作可以改变哪些生活方式或工作习惯？

在远程工作中，通力合作，明确哪些特质是个人和专业发展所必需的，是非常有帮助的。我们也做过此类尝试。对那些首次开启远程工作，喜欢程度超出他们预期的员工，我们会进行交谈；针对新进远程员工挣扎并最终离开组织的情况，我们会仔细询问；同时会观察这两种情况下的行为模式。

评估潜在的远程员工时，需要考虑两个关键问题：第一，他们是否具备在远程职场高效工作的特质？第二，长期居家工作时，他们是否有幸福感和满足感？

第一个问题与天生的个人特点和职业特点有关，第二个问题更多地与环境偏好有关。这两个因素都决定了应聘者是否能够履行自己的职责，以及在远程环境中能否与他人有效地合作。

远程员工需具备的基本职业特征

▶ 自我激励：能够在无人监督的情况下持续高效地工作。

▶ 自主性：有能力主动解决问题，避免陷入困境。

▶ 良好的沟通能力：相比办公室环境，远程工作场所的沟通更需要细心和明确性。重视那些能够通过不同的方式与他人清晰沟通并善于倾听他人意见的人。

▶ 自信：有能力在不需要经常核实工作和决策的情况下持续地工作。由于远程员工不能像在办公室一样频繁地与管理层确认工作内容，他们必须能够在没有监督的情况下自信地执行日常任务。

▶ 责任感：乐于完成分配的任务，具有责任心，并在预期目标没有达成时能够承担责任。

斯玛特很认同上表列举的一些特征。他在 ghSMART 的团队是完全远程工作模式，所以除了帮助公司客户外，他还负责为自己公司的远程团队进行招聘。见证了大量的招聘之后，斯玛特发现，当远程员工能够自给自足，同时能够合理地管理时间，并且能够在无须提醒或跟踪的情况下超额完成工作量时，他们最有可能取得成功。

斯玛特说："你需要在应聘者身上看到主动性和自主性。""如果他们之前有过远程工作的体验，问他们，你做得怎么样？你的目标是什么？完成情况如何？如何达成目标的？跟我谈谈你的同事。这些常规问题尽管问，只是环境变成了远程环境。耐心听听他们的回答。"

除了这些核心能力之外，我们还需认识到并非每个人在居家工作的环境中都会有收获感，而且对一些人来说，调整是不可能的。你甚至会遇到一些员工，他们远程工作时效率很高，但他们并不喜欢远程工作，也不会在你的组织中待很长时间。

对于远程工作环境适应性较强的员工，我们在他们身上总能找到同样的特质：对灵活性的喜爱。这些人，不管他们是职场父母、有竞争力的运动员，还是狂热的旅行者，他们生活中总有一些乐趣供他们享受，并让他们从办公室的朝九晚五的时间表中解脱出来。对于这些人来说，能够自主构建适合他们自身的"工作-生活"一体化日程是他们最为看重的，他们愿意放弃传统的办公环境来换取。如果你问他们为什么想要这份工作，灵活性会是他们的五大理由之一。对于喜欢办公室的人来说，灵活性通常不会排在前五位。

远程工作应聘者的共同环境偏好

▶ 对职业自主性感兴趣，有能力设定自己的日程，找到适合自己的工作流程。

▶ 重视灵活性，包括能够在任何地方出差和工作的可能性。

▶ 职场父母，不想通勤，需要接送孩子的灵活度；并且／或者想设置工作日程，以便有更多的时间陪伴家人。

▶ 实力运动员或演员，需要固定的练习时间，以及／或者需要参赛。

▶ 喜欢不受干扰、专心致志地钻研任务。

▶ 工作之外有丰富的社会生活，不需要通过工作搭建社会关系。

对于那些偏爱办公室工作而又不看重灵活性的员工来说，职位匹配的成功概率要低得多。在招聘过程中，我们要学会识别职场社交蝴蝶。这类人极其外向，他们需要在与人交往中获得能量，他们需要人与人之间的沟通交流，长时间的独处会让他们极不舒服。

这绝不是说全公司都应该是内向人士，其实远非如此。然而，尽管大多数人都能很好地适应远程工作，但社交蝴蝶型员工却很难去适应远程工作环境，因为他们会怀念理想工作和生活体验中的至关重要的一部分内容：频繁社交。对所有参与其中的人来说，最好不要假设任何人都能愉快地适应居家工作。

如果公司有明确的核心价值观，你需要评估应聘者是否真正具备这些价值观，而不是他们是否认可这些价值观。核心价值观描述了能够在企业文化中取得成功员工的基因。例如，我们公司的价值观，"拥有它""超越与完善"和"拥抱关系"，既是我们加速伙伴营销公司企业文化的理念、政策和流程，也意味着我们更看重责任感、团队合作、持续改进和灵活性。

公司的价值观与远程工作中所需的个人特质保持高度一致。在无法与员工面对面联系时，需要了解员工能够独立工作，同时能够推动公司达成目标并在每一件事上都能坚持公司的价值观，这点是很重要的。随着时间的推移，我们会清楚哪些特征预示着员工在未来的远程环境中能够做得很好。

斯玛特认为公司有必要围绕企业文化理念进行招聘，他说："把企业文化的特殊之处写在计分卡上，作为公司的流行语。'其他公司都是 X，而我们想成为 Y。'我们需要把这点明确标记在计分卡上，以确保我们招聘的员工符合我们的文化，因为招聘失误至少有一半的原因是文化，而不是技术上的缺陷。"

实际情况是，客户经理职位占据了招聘职位的 90%，但我们只聘用了 1%~2% 的应聘者。我们的文化和工作方式并不适合所有人，但我们所做的是建立一种机制来有效识别出这 1%~2% 的能够在公司茁壮成长的员工。我们花了差不多 10 年的时间才把这件事做好。

这就是为什么你要花些时间如实地评估组织文化，必要时需进行调整。当你公司的价值和目标足够明确时，你就更容易确定什么样的员工可以在环境中茁壮成长，即使在有限的监管下也是如此。管理远程团队和现实职场团队最大的区别是，你不能任这些事情听天由命。你需要确定你想从你的团队得到什么，这样你才能够做出更明智的招聘决定，并把公司打造得更为强大，即使是远程职场也是如此。

第五章
如何做好远程团队管理：引领团队，迈向成功

　　许多员工遍布各地的成功企业，常具有相同的特质。这些企业的领导者思路敏捷，富有企业家精神。他们欣然接受远程工作，认为远程工作模式是一种有价值且高效的方式，不仅可以更广泛地利用人才库，同时还能降低管理费用。

　　大型企业常常具有历史悠久的办公室文化，他们的领导团队可能对远程工作最为怀疑。他们认为远程模式绝不适用于拥有和他们同等规模、流程或员工数量的企业。

　　维尔·迪纳加拉维尔曾经也这样认为，但是当新冠疫情迫使整个公司开启远程工作模式时，他彻底改变了自己的想法。

　　迪纳加拉维尔是 Beroe 公司的创始人兼首席执行官。Beroe 是一家情报采购公司，在美国和印度拥有 500 名员工。

从 2015 年至 2020 年初，公司仅有 25 名员工远程工作。2020年 3 月疫情袭来时，Beroe 决定整个 500 人的团队开启远程工作模式。

和当时许多公司的领导一样，迪纳加拉维尔最初担心远程工作在 Beroe 公司行不通。他的忧虑在于，如果没有一个办公室将团队聚集在一起，沟通将无法进行，生产力也会下降。

尽管完全过渡到远程职场有些仓促，但令迪纳加拉维尔吃惊的是，自转变以来，Beroe 的生产力、员工留任率和敬业度都有所提高。员工工作效率更高，沟通更为畅通，而且在大多数情况下，员工能够更好地将工作和个人生活进行结合。

这其中一个关键原因是，公司一直在积极反思并升级运营策略，以适应远程环境。

迪纳加拉维尔及其团队要求管理人员主动与员工进行沟通和联系，包括每天与团队成员进行视频会议，每两周与直接下属进行一对一通话。他们的人力资源团队开启与每位员工每两周进行一次的通话，以确保员工能够感受到公司的支持和关心。Beroe 还购买了多种数字工具，使员工之间、员工与领导之间沟通更畅通。

迪纳加拉维尔目睹了远程工作模式在他的整个公司如何高效开展。他现在预计，30%~40% 的 Beroe 员工将继续长期居家工作。他的公司有力地证明了，领导层对公司远程工作模式的担忧，往往可以通过深思熟虑、积极主动地对沟通程序、管理策略和技术基础设施进行变革得到缓解和解决。

对于远程员工，特别是那些之前从未有过远程工作经历的员工，公司可能犯下的最大错误是让员工自己去寻找问题解决之道。而有效的做法是给员工提供最佳实践供其参考（参考第二章中详述内容），但是仅仅这些内容并不一定会带来高水平的远程工作实效。

本章中，我们将探讨具体的机制、方法、工具和技术，以提升员工远程工作的流畅度，促进各规模机构效率的提高。

引导员工做好全面入职

22 岁时，我开始了人生的第一份工作，很多员工都有过和我同样的经历。人力资源经理和老板并没有意识到当天我就要开始工作了，所以当我到达公司时，并没有人为我备好电脑，而我收到的唯一指示就是"温尼弗怎么做，你就怎么做"。

温尼弗后来成为我的好朋友，而这段友谊也成为我入职经历中唯一有价值的收获。现实情况是，很多公司常常跳过员工入职培训，只是因为他们在办公室工作，认为告诉员工后面跟着老员工学就够了。然而，这种方法并非适用所有的公司。这种入职培训方式极为随意，对于远程公司而言，无异于灾难。

入职新公司时，新进员工需要也应该有一个良好的开端。公司应该提供他们成长所需的工具、培训和技术，他们也应该知道需要时向谁寻求帮助。

入职培训一直是远程公司的薄弱环节，所以更应该选择谨慎的方式。我们注意到了这种不足之处并将之转化为我们的优势。我认为，我们制订的员工入职计划会成为诸多大型公司羡慕的对象，不管是远程公司或是其他类型的公司。

为了让你有个概念，当新进员工在加速伙伴营销公司开启职业生涯时，公司会提供一份全面的入职日程表。根本上讲，这份日程表详述了入职前几周新进员工需要参加的会议，以及作为训练计划的一部分，新进员工需要仿效哪些员工，公司全员会议的时间及其他详尽的计划。除了上述入职日程表外，公司上下遍布全国各地的团队成员也会欣然欢迎新成员并向他们伸出援手。

第一天

9:00—10:00	人力资源入职培训
10:00—11:00	同经理进行视频通话
11:00—12:00	培训流程概述
12:00—13:00	午餐
13:00—17:00	学习管理系统（LMS）课程复习时间（完成预先分配的课程）

第二天

9:00—10:00	同经理进行视频通话
10:00—11:00	团队成员见面会
11:00—12:00	复习员工手册
12:00—13:00	午餐
13:00—14:00	全体公司成员视频会议
14:00—17:00	LMS 课程复习时间（完成预先分配的课程）

第三天

9:00—10:00	同经理进行视频通话
10:00—11:00	设置数字工具
11:00—12:00	岗位培训视频会议
12:00—13:00	午餐
13:00—14:00	公司财务概述
14:00—15:00	企业文化概述
15:00—17:00	LMS 课程复习时间（完成预先分配的课程）

第四天

9:00—10:00	同经理进行视频通话
10:00—11:00	岗位培训视频会议 I
11:00—12:00	岗位培训视频会议 II
12:00—13:00	午餐
13:00—14:00	公司合规概述

14:00—15:00	团队周会
15:00—16:00	公司技术概述
16:00—17:00	LMS 课程复习时间（完成预先分配的课程）

拥有远程员工的组织不能对员工培训放任不管。小公室工作环境中，员工也许可以通过向其他员工求助及观察来学习。然而，在远程环境中，员工很可能会独自坐在电脑前，茫然不知该做什么，也不知该从哪里开始。无论员工有多"积极进取"，放任不管都不是员工开启职业生涯的有效方式，他们也无法从中获得多少帮助。

另外，顶级远程组织会重视入职培训并精心制订详尽的培训计划，因为这是员工想要在组织内部获得短期及长期成功的关键。如果你没有正确的培训方式，新进远程员工可能会面临失败。

设置会议与接待时间

从一个行业或战略的先驱者身上你总是可以学到很多东西。在远程工作领域，这位先驱便是杰森·弗里德，他是流行项目管理工具 Basecamp 的联合创始人兼首席执行官。Basecamp 销售协作软件工具，具有共享的待办事项列表、详细的项目计划模板、文件存储、共享文档编辑和聊天等功能。公司拥有 57 名员工，但在全球超过 12 万个组织中为数百万用户提供服务。

弗里德有超过 20 年的管理远程团队的经验，公司自成立之日起一直在盈利，即使是在不乏动荡的科技领域。弗里德和他的商业伙伴大卫·海内迈尔·汉森合著了几本关于职场创新的书，包括《远程办公革命》。

大多数科技公司给大家留下的印象是：办公时间长，开放式办公室无限蔓延，以及面对面协作时避免不了的闲聊。而 Basecamp 却另辟蹊径，包括成为首批公开采用远程模式的软件公司之一。如今，他们拥有一支全球性的员工队伍，他们可以自由地选择工作地点，每周工作时间不超过 40 小时，夏天只需要工作 4 天。

弗里德和团队成员工作时间是竞争对手的一半，但产出却更多；远程工作方式是其中一个很重要的原因。根据弗里德的说法，远程工作模式使员工可以更容易地进入一种他喜欢称之为"高效工作"的状态。弗里德承认，尽管这个术语不太科学，但是这个类比是有道理的。

弗里德说："好的睡眠是晚上九点钟睡觉，早上七八点钟醒来时感叹，'哇，睡了一整夜，太棒了。'""高效率的工作日也应该是这样的。结束一天的工作你可以说，'我今天工作得很愉快。工作没有被打断。我一整天都没分心。一天下来我有8个小时能够专注于工作。'"

从本质上说，如果能在不受干扰的情况下长时间专注于你的项目和任务时，工作效率更高。8小时的工作日，你有数个两到三个小时不间断的工作时间段，并且所有的休息时间都计划在日程表中，这肯定比每当进入专注状态时，总被人分散注意力的工作日更有效率。

维尔弗雷多·帕累托是一位受人敬重的经济学家，他发现，80%的结果来自我们20%的行动。例如，销售额的80%来自20%的客户。帕累托原则，通常也被称为二八定律，表明当你处于不间断的工作状态时，工作中很大一部分任务会在短暂的时间内完成。我们必须意识到这些不间断工作时间段的重要性，并且明白当我们被打断时会失去什么。

弗里德说："如果你正在工作，正埋头完成一项任务，而有人出于某种原因把你拉到一边，你的时间相当于减少了一半。""当你重新回到原来的任务时，你就不会立刻恢复到那种状态。你需要慢慢地找回状态。"

任何有过办公室工作经历的人都清楚，想要专注于一项任务难度有多大。研究表明，人类注意力持续的时间比金鱼的还短，而在办公室工作会加剧这一问题。[1]

不管是同事来你办公室问个问题，还是不知所出的噪声，甚至是你余光里走过一个人，现在的办公室里总是充斥着各种各样让你无法全神贯注于工作的事物。

远程工作模式对 Basecamp 公司来说是完美的，部分原因是弗里德希望他的团队成员能够长时间不间断地专注于工作。有个策略弗里德还一反常规，即不允许员工为了方便会议而共享日历。与传统观点相反，弗里德想让开会变得更加困难，而不是更方便。

"大多数企业都有共享日历，方便其他人看到日程表。如果你想加入别人的日程表，你只需点击一个方框，它就会填满颜色并发出邀请，"弗里德说，"这样一来，占用别人的时间变得极为容易。这就是问题所在。"

即便是预先安排的会议对工作效率而言也是极为有害的。

如果你开会花了 6 个小时，那么标准工作日只剩下 2 个小时专注于项目。当你开始工作并意识到一天的大部分时间都被安排进行会议时，你可能已经感受到了轻微的焦虑。你便会担心，无法完成你的实际工作任务该怎么办。

即使你手头有很多事情要完成，拒绝一个会议邀请也会显得没有礼貌。大多数员工希望成为值得信赖的团队成员，可以与同事进行协作或头脑风暴。而远程员工可能会更强烈地感受到这种压力；他们会担心，如果总是为了保证自己的工作时间而逃避会议，同事要么会给他们贴上冷漠的标签，质疑他们是如何支配时间的，更糟糕的是，同事甚至会完全忘记他们。正如弗里德所指出的，当员工的日历上没有过多的会议时，他们更容易把时间专注于工作。作为一个领导者，建立有效的文化很大程度上需要制定会议策略和节奏，在帮助员工加入团队协作和团队沟通，以及保障员工高质量不间断的工作时间来完成项目和交付成果之间取得平衡。

通过在你的时间表中明确哪个时间段需要不受干扰地工作，哪个时间段可以对同事做出回应，你就可以做到既高效又方便同事找你。领导应该鼓励员工在他们的日程表中留出大量的时间来专注于工作，并提醒员工确保同事专注的时间不被打扰是很重要的。

我的导师之一沃伦·鲁斯坦在其辉煌的职业生涯中曾担任过17家公司的董事长或首席执行官，他对如何管理自己的接待时间和时间使用有着明确的原则。他告诉团队成员："我支持开放政策（鼓励员工向管理层反映困扰他们的问题），但我的门并非总是开着的。"相反，他会定期查看工作进展并将自己的接待时间预先明确在日程表上。然后鲁斯坦鼓励团队成员将非紧急问题整理成问题清单，并在接待时间段与他讨论这些问题。

　　这种时间延迟做法的额外的好处是，鲁斯坦发现他的员工能够在会议实际举行之前解决掉大多数问题。任务分配和授权实现完美结合，可以合并成为时间管理实践的一部分。

　　同样重要的是，不要假设自己熟悉或舒服的面对面会议模式会自然而然地转移到远程环境中。虽然视频会议接近面对面会议，但是在远程模式下，保持与会者的注意力和参与度就更难了。幸运的是，许多员工遍布各地的公司发现，在远程职场，许多面对面的会议远没有必要，甚至效率更低。

　　到远程工作的过渡成为反思会议策略的最佳时机。办公室会议常常被视为一种默认状态，因为让同事在你办公室花上15分钟把事情弄清楚要比一个小时来来回回地发邮件容易得多。

随着时间的推移，许多远程组织发现，相比现场办公的组织，会议召开得要少一些。因为安排远程会议变得更加困难，同时，你会更难了解是否打断了同事的工作。如果给予充足的时间进行思考，远程团队通常会认识到在没有频繁会议打扰下协作才最有效。

然而，疫情期间突然被迫远程工作的组织却大反其道，举行的集体电话会议比他们在办公室面对面时举行的还要多。微软在一项研究中发现，员工居家工作时视频会议的次数增加了55%，这也带来了工作压力水平的提高。

没有指导的情况下，员工居家办公时很可能会开更多的会议。这就是为什么对于远程团队的领导者来说，需要积极主动去明确哪些会议是必要的，哪些是非必要的，这点是至关重要的。

打个比方，想想你在搬家时，你会意识到有些私人物品或者家具是你不需要或者不想要的。同样地，过渡到远程工作模式，恰恰提供了一个机会来评估哪些会议是实际需要的，哪些会议只会浪费时间和精力。

如果你需要集思广益，或者需要对公司重要的核心问题进行讨论，那就需要开会。但许多会议的召开只是为了分享本可以通过电子邮件或异步视频传达的信息。

评估会议效率的一个很好的方法是在会议结束后坚持对会议进行坦诚的评估。不妨借鉴创业运作系统的绝佳做法，他们将关键会议称为"十级会议"。前提是在每次会议结束时，每个与会者都按 1 到 10 分的等级给会议打分。如果会议的平均评分没有达到 9 分或 10 分，那么它就没有附加值，这样的会议就应该改进或是取消。

　　另一个有用的做法就是根据会议的长度和邀请员工的数量为每次会议分配财务值，并将该数值包含于会议邀请中。这样一来，人们会意识到会议的时间价值，并会减少邀请名单人数。

　　除了减少会议之外，明智的做法是调整会议的形式和长度以最大化其影响力。如有可能，缩短远程会议的时间是有益处的，同样重要的是，控制讲话者的时间。否则，开会就变成了独白，员工难免跑神。

　　对组织而言，所谓的"情况通报会"最为浪费时间。放在远程环境中，这些会议尤其无效。"情况通报会"是指一位或多位发言者通报一系列信息，通常照本宣读或是通过幻灯片分享，这些信息本就可以提前发送给与会者或者以书面备忘录形式分享。因为这些会议中讨论的内容很少，互动也很少，召开这种会议其实是在浪费宝贵的时间。

我遇到过唯一有用的情况通报会议是涉及整个公司层面的。这种会议使员工得以了解团队或部门之外的情况，并为团队成员提供更多接触领导层的机会。因为这些情况通报对于整个团队而言都是极为有价值的，与公司全体成员举行讨论为导向的会议是很难的，所以这种情况之下，适当的时间举行情况通报会议是有效的。

但是对于涉及团队甚至部门的会议，情况通报会议并不是共享信息的最佳方式。即使信息很重要，形式也极为枯燥无趣，以至于团队成员很少会注意听，这也就同一开始召开会议的初衷背道而驰了。一定有更有效的方式来通报团队成员最新进展或进行责任划分。

备忘录机制就是其中一种方法，亚马逊首席执行官杰夫·贝佐斯最近推广了这一方法。贝佐斯不喜欢满是幻灯片展示的会议，也不喜欢进展通报时的个人独白。在亚马逊，贝佐斯要求团队成员在每次会议前都要写一份备忘录，备忘录需包含讨论的背景材料和相关信息。备忘录随后在会议开始时分发给所有与会者，每个人都会花上时间阅读，做笔记，并准备问题供讨论。这之后，会议才会开始，这样能够确保所有与会者都充分参与其中。

备忘录议程示例——三种方式

备忘录状态及更新

▶ 关键数据或业绩指标摘要

▶ 数据分析要点

▶ 基于数据的机遇领域

▶ 危险信号或关切领域

▶ 会议讨论要点

▶ 预期会议成果

备忘录新理念

▶ 当前状况或情况概述

▶ 理念所追求的机遇

▶ 执行理念的拟议计划

▶ 执行理念所需的资源

▶ 理念相关风险

▶ 理念的下一步计划和行动清单

备忘录汇报

▶ 描述事件

▶ 正确案例或错误案例

▶ 事件影响了什么议题或部门？

▶ 如何在短期内解决这一问题？

▶ 结果如何？

▶ 是否有下一步计划？

▶ 我们可以从事件中学到什么？哪些内容可以应用到新的或现有的核心流程中？

▶ 改进需要涉及其他哪些团队或部门？

加速伙伴营销公司针对其远程工作环境对备忘录机制进行了改善。会议前将备忘录发送至相关团队成员，员工在会议前应阅读完备忘录并准备好讨论相关内容。备忘录本身将会议所需的时间至少减少了一半，因此效率和参与度也高得多。

需要互动或讨论时才召开会议，同时会议前应提供讨论要点并鼓励员工思考答案，这才是会议的重点所在。

以下为经验之谈：如果会议 90% 的时间都是一个人在讲话，那会议就应该由电子邮件备忘录或视频信息取代。花时间安排与会者不能积极参与其中的会议其实是对宝贵的时间和资源的浪费。

人们没有充沛的精力坐一整天进行视频通话。通过使用备忘录机制传递信息，缩短会议时间，使会议更注重讨论，远程会议参与度和工作效率就会有所提升。

同样，确定经理和直接下属之间的会议频率也是很有用的。在办公室里，经理们可能会和直接下属每天早上边喝咖啡边进行 15 分钟的进展汇报，或者每周开一次 1 小时的会议。当领导远程团队时，你可能会发现，减少会议时间或整合会议效果会更好，因为这样可以帮助员工将时间更专注于项目，并缓解视频通话的疲劳。

执行团队拓展活动

远程组织举行的最重要的会议包括执行团队的拓展活动。这些年度、半年度或季度的战略和部门会议为公司的高层领导者和领导团队提供了共聚一堂进行联系和战略规划的机会。

即使你没有亲自参与其中，也可以想象一下：布满大号便利贴的会议室，肾上腺素飙升的关系促进活动，诸如信任背摔和蹦极，还有公司外聘的主持人。

为了最大限度地发挥会议的影响力，同时为团队建设活动腾出时间，这些拓展活动持续两三天是很常见的。它们通常或经常在非常规工作环境进行，理想的情况是在安静的环境中。

正如许多公司在新冠疫情期间的经验所得，这种活动很难在网上重现。试图使用同样的模式和时间安排活动，包括每天花上整整 8 个小时进行视频通话，会使团队成员彻头彻尾地疲惫。我们在疫情最初几周进行的第一次远程拓展活动就犯了这个错误，而且我们领导团队的反馈很差。

自由旅行恢复后，面对面的管理层拓展活动可能是第一批重新开启的活动，但许多组织需要弄清楚在可预见的未来如何召开这些极为有价值的规划会议。

进行远程拓展的最佳做法

▶将会议议程的总时间减少一半。我们之前讨论过视频会议疲劳，团队耗费在视频会议的时间越长，他们的想法和讨论就会变得越来越缺乏创造性和洞察力。如果拓展活动必须持续数天的话，建议每天只用半天的时间开会。

▶会议召开的前一晚，选择有意义的破冰行动和一两个小时的高层讨论为会议做好铺垫，使团队能够轻松地

进入会议。

▶ 以远程欢乐时光结束第一个夜晚；也许可以玩互动游戏，或者为团队打造类似的社交活动。当然，这永远不能复制面对面的晚餐，但是在大家不能聚在同一个房间的情况下，这就是帮助团队建立"同志情谊"的最佳方式。通过游戏我们了解了彼此的情况，有时候，我们还会笑到流眼泪。

▶ 第二天早上，开启更为严格详尽的日程安排。时间早点较好，最晚早上8点，因为大家都在家，没有舟车劳顿，所以早8点开始还是比较可行的。

▶ 把一天分成两三个小时的时间段，每个时间段之间有一个小时的休息时间，而之前团队那种亲自参与的马拉松式会议则不可取。

▶ 团队成员应该利用日程安排上的休息时间，远离电脑，实实在在地进行休息，而不是匆匆忙忙地回复邮件。这可能意味着花上一个小时户外散散步，或是看看书、听听音乐。理想情况是，休息时间可以真正帮助你和团队其他成员精神饱满地回到会议中，做好充分的准备迎接重要的战略讨论。

▶ 及时减压。合理安排时间，以免团队下午工作到很晚的时间。例如，会议可以从上午8点开到11点，休息一个小时到中午12点，然后会议继续开三个小时直到下午3点，整个会议期间都安排有短暂的休息时间。会议结束之后，团队可以利用剩下的时间休息，成员能够在几个小时的战略规划之后得以减压。

虽然这种远程体验无法取代持续数天的现场拓展活动，但是鉴于目前无法将整个团队或高管集中在一处，这不失为很好的解决方案。总比干脆跳过这些重要会议好得多。事实上，你的团队可能会喜欢上这种风格，并决定将面对面的战略会议分成更小的部分，以避免常见的马拉松式会议的做法，马拉松式会议会让每个人都筋疲力尽。

遵循时区礼仪

随着各公司远程团队日益壮大，他们的员工可能遍布不同的时区。对于相隔一两个小时的时区协调团队很容易，但对于分散在世界各地的员工来说，协调就变得困难多了。

在加速伙伴营销公司，我们团队的大部分成员都在美国，但我们也有一小部分分布于欧洲、亚洲和澳大利亚。员工时区差别最大的是美国太平洋时区和澳大利亚东部时区，相差18个小时。如果公司经营全球性业务，你可能面临类似的情况，或者马上就会面临，速度会超出你的想象。

重要的是要具有全球视野，并关注那些时区差异较大的员工。认识到这点之后，我们就明确规定：亚太团队的成员不必参加公司的全体会议。取而代之的是，我们把会议录下来，让他们在更为方便的时候观看。

为了便于联系，我们还要求亚太团队加入与欧洲团队的常规视频通话，以增加联系。对于规模较小的团队会议，如果需要来自世界其他地方的同事或客户加入，请关注他们所在地区的时间。像 timeanddate.com 这样的资源使知晓世界各地时间变得比以往任何时候都更容易。

很多之前没有全球性工作经历的员工会倾向于站在自己时区的角度来看待世界。例如，如果一个以英国为主的团队中有一到两名美国员工，团队坚持要求上午开会，他们实际上是在迫使美国员工要么无法参会，要么在所在的时区日出之前参加会议。这种决策可能会让美国员工感到不受重视或与团队产生疏离感。

如果你所在时区是上午或是下午，而你与所在时区已至晚上的人进行会议，花点时间向他们表示感谢，感谢他们在工作日结束后参加会议，然后提议之后的会议在他们更方便的时间举行，或者偶尔轮换会议时间，这样同样的员工就不会总是在不方便的时间参加会议。这些小举动有助于让每个人都感到受重视和受尊重。

在向不同时区的员工发送电子邮件时，还可以考虑设置延迟发送。如果总是在他们的常规工作时间之外发送邮件，很可能会迫使他们立即回复。相反，如果将邮件发送延迟到收件人所在时区的工作时间，那么他们就不会觉得自己工作滞后了，也不会感觉自己总是在加班。

最后，如果与不同时区的人确认会议的时间，通过电子邮件明确时区很重要，最好同时确认两个时区的时间。因此，与其问同事是否可以在下午 3 点进行会议，不如书写类似"我们是下午 3 点（格林尼治时间）/ 上午 10 点（美国东部时间）召开会议吗？"的内容。这样可以确保收件人明确了解你的意思，也就避免了在错误的时间参会的尴尬情况。这样的情况时常发生。甚至在我写这本书安排和编辑通话时就发生过！

调整差旅策略

新冠疫情迫使所有行业的领导者和员工开始质疑自己的业务假设。也许最令人惊讶的是，销售团队在没有同潜在客户见面的情况下就达成了交易，这在疫情之前是不可想象的，尤其是在高度重视面对面会见会谈的文化和行业中。

任何在公司做过销售工作的人都清楚销售的标准流程：销售人员确定潜在的客户，然后出差进行面对面路演。大多数传统的销售技巧都重视如何吸引房间里的注意力及面对面建立联系，团队可以通过建立信任关系来达成交易。

许多公司仍然认为面对面路演极为重要，并渴望在疫情结束后恢复路演。然而，公司应该考虑是否有必要为每一次潜在的销售召开面对面的会议。虽然视频通话无法完全取代面对面路演，但远胜于电话进行的正式路演。至少视频通话使销售人员可以与客户实现面对面交流，并通过屏幕共享进行销售文档展示。

同样值得注意的是，目前或潜在的客户可能比疫情之前更加分散。与现有客户或潜在客户联系的部分好处是能够与他们的团队面对面会见，并建立非业务的联系。但随着远程工作越来越普遍，很可能你的潜在客户或客户团队并不都在一处办公，或者他们居家办公，你更无处拜访。

尽管一些公司会特别急切地想要恢复到疫情前的出差惯例，但另一些公司则质疑是否还值得花费时间和金钱进行出差。销售人员可能会考虑将差旅预留给最有价值的潜在客户，并将差旅预算中的钱重新分配到层出不穷的新策略中。同样，维护现有客户的团队也需要调整策略和方法，以保持同等程度的联系。

加强团队建设与远程联系

多年来，团队建设一直是各规模组织不可或缺的内容。但在 100% 的远程世界里，公司已经从信任背摔和超越障碍训练这样的面对面活动转向了远程活动，非传统的远程活动同样拉近了公司员工之间的距离。

这些组织很可能会求助于像克里斯蒂·赫罗尔德公司一样的机构。赫罗尔德是 Sport & Social Club 的创始人兼首席执行官，这是一家加拿大组织，主要业务是为成年人协调休闲运动联盟。赫罗尔德和她的团队通过游戏将人们聚集在一起，建立了企业的品牌，在疫情袭来时，她迅速转向为世界各地的公司提供远程团队建设活动。他们推出了一个名为 JAM（workplayjam.com）的新业务分支，它完全专注于远程活动。

JAM 提供虚拟游戏，如宾戈游戏、竞猜游戏、数字寻宝游戏及在线逃生室。JAM 提供游戏主持并安排所有技术事宜，所以团队只需要参与并享受乐趣。为了给客户增加定制体验，赫罗尔德团队甚至可以将客户公司元素渗透到他们的游戏设计中，比如将公司历史融入到竞猜游戏里，以部门和团队名称命名宾戈牌等。赫罗尔德团队甚至可以为公司新进员工设计入职培训主题游戏。新员工可以让新同事对自己的个人信息进行竞猜，了解他们的新公司，并以有趣的娱乐方式缩短学习曲线。

过去，公司把所有的团队建设都整合成大型的面对面式活动，如每年的公司培训或聚会。但全球范围内的远程工作体验也带来了远程团队建设的新趋势，公司无需花费时间和资源将所有人聚集在一起就可以增进员工之间的相互了解，建立员工之间的友情。远程公司可能会决定，与其每年大量投资进行面对面的团队建设，不如进行频繁的线上聚会。

一时之间，许多新的远程公司不确定如何促进远程员工之间的个人联系。赫罗尔德及其团队也曾面临过同样的挑战，因为他的团队也是第一次以远程方式工作。在远程环境中确实很难复制职场午餐或办公室欢乐时光中那种自然又即兴的逗趣。

然而，也可以通过更为周密计划的社交活动来促进这些联系。像赫罗尔德和她的团队进行的远程团队建设一样，活动并不需要员工去尝试在远程活动中进行正常的寒暄。取而代之的是，他们参与到互动游戏中，每个人都有机会参与其中，设计活动是为了避免远程联系偶尔会带来的尴尬情况。

虽然我们不知道团队未来将如何进行团建活动，但很可能，领导者在此处会发现他们以前的许多假设受到了挑战，并开始采取新的做法。也许没有必要总是把所有人聚集在同一处举行有影响力的团建活动。但这块会成为迅速增长的市场，远程团建公司有机会在这个市场中抢占更大的份额。

提升远程办公有效性和实用性的技术

员工首次居家办公时需进行重大调整。对于大多数组织来说，花些工夫提升远程办公的有效性和实用性十分必要。在技术方面进行重大投资就是其中之一，包括利用提供的多款软件工具来帮助改善员工沟通和用户体验。这些资源现在大部分都可通过云端获得，因此材料可以即时下载和安装。

我将分享一些技术工具，这些工具是许多组织过渡到远程工作时离不开的，它们基于云端，不需要大量的硬件或前期资本投资。以下列举的工具都很实用，但针对每项功能，还有许多其他替代工具，因此你可以找到最适合你和你的团队的工具。

保持单点登录

首先，使用单点登录（SSO）程序很有帮助，它类似于密码管理器的商业版。现在，员工可能使用到各种各样的技术平台，管理数十个单独的应用程序账户可能会给员工带来巨大的麻烦。有了单点登录程序，员工只需一次登录就可以访问一整套应用程序。

团队要记住和使用的注册账号越多，他们使用这些工具的可能性就越小。单点登录平台将大量基于云的应用程序连接到同一个注册账号，这就让登录变得方便得多。我们的团队目前使用 Idaptive 进行单点登录，但是也可以使用诸如 Okta 和 OneLogin 等其他强大的工具。

在选择这类单点登录工具时，使用需要双重身份验证的工具会很有益处，例如要求员工通过文本或电子邮件接收密码才能登录。这种方法很有用，可以提供额外的安全层，并在某位员工的密码泄露或其电子设备被盗的情况下保护公司数据。

使用云文件共享

文件共享至关重要。组织需要一个安全的平台用来安全存储它们。平台还应便于员工审阅和协作文档，并能够在计算机上创建本地文件夹以方便文件访问。不断地通过电子邮件互相传递文档，要求员工将所有资料保存于个人电脑硬盘上，无疑是数据管理和数据安全的噩梦，同时也为员工增添了额外的管理工作。

多团队和多部门的组织应该使用提供更多粒度文件权限的平台，这样可保持一部分文件夹和子文件夹的安全性，而其他文件夹和子文件夹可以对整个团队、部门或个人公开。对于需要复杂文件夹保护的大型组织，SharePoint、Box 和 Egnyte 都是极好的选择。

然而，即使是小型组织也需要某种类型的云文件共享。即便是一个人的组织，仍然需要一个安全的地方来存储文件，以防计算机发生灾难性故障。如果遇到因咖啡洒在笔记本电脑上而丢失重要的客户信息、流程文件或会计账簿的情况，对于任何规模的组织来说都是沉重的打击。如果有什么不同的话，风险对小组织来说更严重，员工越少，任何一位员工的电脑上有不可替代的文件或机密文件的可能性就越大。规模较小的组织或个人创业者可以使用诸如 Dropbox 和 Google Workspace 等更简单的程序。

培训与知识管理

如前所述，员工的岗前培训对远程组织而言很关键。将学习资源集中于一处很重要，这样员工就可以根据需要查看相关资源，不再需要经常安排培训和视频学习了。

学习管理系统（LMS）就可以发挥其作用了。各组织可以利用学习管理系统平台上传视频和书面培训内容，全体组织员工可根据自己时间安排进行查看。

许多学习管理系统程序还有添加评估功能，确保每个需要参加课程的人都按要求完成，并且在必要时可以回顾信息。对于确保员工接受并通过必要的基本评估（如公司的数据安全策略）特别有帮助。

通过学习管理系统平台，管理者可以将已有的资源定向发送给员工，使他们获得所需的培训，且不必安排培训视频会议。强大的学习管理系统平台还能确保公司在关键员工离职时不会失去重要的资料或培训资源。没有什么比员工离开公司后管理者发现团队中无人可以履行离职者的职责或是管理者独自负责流程更糟糕的情况了。

另一个类似的重要工具是知识管理系统（KMS），它有时被称为知识库软件（KBS）。知识管理系统允许团队为整个公司上传资源，这些资源将回答常见问题，提供普遍适用的知识，并概述公司理念和最佳实践。我们团队使用的是 KBS 大师（KBS Guru）。Guru 最佳功能之一是验证系统，确保信息是及时更新的。一段时间后，Guru 卡由红转绿，提示用户信息可能不准确。然后，不同主题的专家可以审查卡片，核实信息是否准确，确保所有信息的可信度和时效性。

KBS 为员工提供类似的福利。如果公司购买了 KBS 并能够不断更新，那么员工就可以轻松地访问所有信息，包括人力资源福利、填写费用报告及核心职务流程等。将其视为内部常见问题文档即可。

在远程职场，员工无法在办公室周围碰到财务专家或人力资源专家，也不能顺道去别人的办公室迅速问问题，这类信息的实时数据库就显得更加重要了。这些集中的培训和知识管理资源对于员工的成功至关重要，尤其是在他们刚进入公司的时候。

人力资源系统

上一章中，我讨论了使用应聘者追踪系统简化招聘流程及招聘管理，但人力资源管理集中化也很重要，包括管理员工休假请求、招聘新员工和执行绩效评估等基本职能。通过技术工具将这些功能集中起来，便于各位管理者能够更井然有序地开展工作，不再需要花时间追踪员工的休假时间和其他人力资源需求。

这些资源包括：

用于管理你的人力资源管理功能的在线工具（开始日期，过往工资，休假管理，个人信息，等）。对于大多数中小型企业来说，多年来都是通过庞大的人力资源电子表格完成这项功能。今天，特别是在远程工作环境中，需要更为复杂的结构。我们使用 BambooHR（人力资源解决方案提供商）来存放和管理其中的许多内容。

进行绩效评估反馈，人力资源，招聘和绩效管理的软件平台。软件平台是任何远程组织的重要基础。因此，在这些关键因素的管理中消除人为错误是非常重要的。目前，我们使用 Culture Amp（员工调查和分析平台）来满足这些需求。

公司用于收集员工的实时匿名反馈，并主动明确改进方法的工具。针对该项功能，我们多年来使用的是 TINYpulse 软件。实时反馈和匿名反馈对于远程职场而言很重要。如果无法每天与同事和直接下属进行互动，你就无法掌握公司各个层面的员工的精神状态。你不会希望看到一些诸如员工幸福感不高或离职等重大问题悄然出现在你身边。收集团队反馈的程序能够帮助你在问题恶化和变严重之前解决问题。

团队沟通

Slack、Zoom、Microsoft Teams 和 Google Workspace 可谓是具有远程文化的公司用来管理内部和外部通信最受欢迎的工具；这些工具还有助于促进协作和信息共享。

甚至有一些技术工具可以帮助在团队交流中注入社交元素。Donut（donut.com）就是其中之一。它可以自动匹配并联系员工进行熟悉彼此的虚拟咖啡约会。那些较内向的员工更想要以一对一方式了解同事，但是在更大型群体性交流中又比较沉默，这类工具对于他们尤其有帮助。

业务导向的工具也可以用于促进组织内部的社交。例如，我们在 Slack 平台最受欢迎的通信栏目是"每周最佳"（what-made-your-week）。正如其名，员工可以上传照片或是讲述关于自己的故事，只要这些内容使他们这一周变得非常愉快。Slack 上这个栏目的创意来自我们的一位员工，毫不奇怪，该栏目在公司所有栏目中参与度最高。

项目管理工具

项目管理工具可以实现远程环境下团队协作管理和工作负载管理等功能，同时，借助管理工具，员工可以查看团队其他成员正在进行的项目、彼此分配任务及实时提供详细指示，这些功能都很有用。

尽管组织整体层面不需要强制使用这类工具，但是把它们推荐给希望使用的团队并作为备用解决方案不失为良策。团队可以使用这些程序来管理项目工作流程，不再需要不停地通过电子邮件分配任务、明确项目指示及共享反馈。它可以帮助员工长时间远离电子邮件，同时不必担心错过所属项目相关的重要消息。

有很多此类软件供选择，包括 Basecamp、Trello 和 Asana 等软件。整个团队或部门上下都在使用同一个或多个此类程序时，相互协作、沟通交流和提升责任感就变得轻松多了。

安全技术

如果员工违背了公司的信任，包括在激动的情绪下离开公司，你需要采取适当的防护措施，防止他们在离开公司途中对公司造成任何损失。

确保具有适当的技术保护措施，以防止数据被盗、损坏或中断。如果员工工作使用的是自己的笔记本电脑，IT 管理员应该有权限访问每台工作机器，以便在紧急情况下保护公司的知识产权。还应具有远程清除个人电脑内容的能力，以防电脑被盗，或当员工离职时，删除员工可能已下载的任何公司文件和应用程序。

类似地，如果使用的是基于云的文件系统，IT 团队应该监控员工的下载任务，以确保员工不会在没有明确业务原因的情况下大量下载公司文档或数据。虽然不需要员工每次下载文件时都进行记录，但前面讨论的许多基于云的文件共享程序都会标记可疑活动供仔细查看。

即使是信任度最佳的组织也需要正视信任被滥用的可能性。这类故障安全系统允许在不危及关键的组织数据、文档甚至功能的情况下为员工提供有利条件。

我在 robertglazer.com/virtual 上提供了包含所有技术资源更为详尽的列表。

技术整合

看上去需要管理的技术颇多，对于许多组织来说，确实如此。然而，对于其他组织来说，技术整合实际上可以帮助减少必要的技术资源数量。

无论哪种方式，重要的是将这些工具整合到一起方便员工访问，并将它们融入其工作流中。出于这个原因，以及便于技术的采用，需要明智选择那些能够较好地集成到现有基础设施中的程序。工具的用户友好程度越高，越方便使用，就越容易被广泛地使用。

正如我们之前所讨论的，即使是喜欢居家工作的员工，也不可避免地会时不时想念社交，而通过技术，我们可以将员工聚集在一起，帮助他们与同事分享个人生活的点滴，鼓励员工在工作之外多多联系和互动。还可以使用这些平台来促进员工社交活动。疫情期间，许多组织都有员工自愿组织活动和远程社交聚会。在加速伙伴营销公司，几名团队成员聚在一起举办了一场"展示和讲述"活动，活动包括员工分享孩子和宠物趣事、集体瑜伽课、问答游戏等。

做好管理，更要做好领导

梦工厂动画公司前首席执行官杰弗瑞·卡森伯格因每天早上上班时通过触摸员工的汽车引擎盖，以确定哪些员工比他早到而闻名。[3] 许多领导和经理都同样重视员工来得早走得晚。但是大多数公司领导人都能证明，员工在办公室里的时间并不一定能带来业绩。

这是经验之谈。我 20 多岁的时候，所效力的那家公司吹捧其灵活的工作环境，以期吸引家有年幼孩子的父母。然而，这位创始人既没有结婚也没有孩子，于是他很快就开始讨厌办公室里早晚落单的感觉，偶尔他会出于无奈发表攻击性评论。

不满于创始人只关注工作时间而不关注工作产出，于是我尝试进行了一个实验，在一周的时间里，我每天都比他先到办公室，然后上网或玩电脑游戏，直到正常上班时间才开始工作。工作完成得并不比之前好，但我可以看出，那一周里，有我在，创始人更开心，也很享受我陪着他的感觉。

这次经历给我上了一堂至关重要的管理课：让员工在办公室花更多的时间并不能保证更好的结果。某些情况下，员工甚至会利用在办公室的时间制造一种假象，让大家认为工作效率更高，其实并非如此。

在这些情况下，"认可"激励其实是在奖励错误的行为。想要员工产出高，最好是建立产出导向的激励政策和目标，优先考虑员工的产出，而不是花在办公室或任务上的时间。

在新冠疫情期间，当领导者和管理者不得不领导一个远程团队时，他们很快就会了解到：在远程工作场所管理员工是一项截然不同的任务，为使双方都受益，更多需要的是领导力而不是管理。这点早已为经验丰富的远程员工所知晓。

在远程组织中，经理们无法在办公室里和员工面对面，也不能看到办公室在上班前和下班后是有人还是没人。团队领导和组织领导需要确定的是如何在没有监督或微观管理的情况下激励员工，跟踪员工进展，提升员工的责任感。

这就是为什么我们在本部分前面内容中提到了诸如目标和核心价值观等关键的文化理念。一旦建立了清晰的目标追踪机制，就很容易强化员工的责任感并实时评估团队的表现。对于那些正在管理一支新组建远程团队的领导而言，如果想知道员工居家工作时是否仍然有效率，这是一个至关重要的衡量标准。当公司的目标和支撑这些目标的员工目标被明确而具体地制定出来时，管理者相信员工确切地知道他们要完成的目标，并且可以在不进行微观管理的情况下使他们达到该标准。

考虑到这一点，我们就没有必要担心员工某天在做些什么，甚至一周工作多少小时。如果他们始终能够达成目标，这些产出才是最重要的；投入就显得不那么重要了。作为远程团队的管理者，成功的很大一部分是基于产出来管理员工，并且知道什么样的日常监督最好是避免的。

那些通过强调需要面对面时间、长时间或全力以赴来管理员工的组织之所以会这样做，是因为他们没有正确地设定期望值，或者他们无法让团队负责。明确、一致、可衡量的目标和问责制可以帮助解决这两个问题。

一些管理者在过渡到远程环境时面临的挑战是：在无法进行频繁的面对面协作的情况下管理项目。管理者习惯于经常插手帮助员工完成项目，或是邀请团队成员到办公室进行即兴的头脑风暴，在离开直接下属的情况下，他们可能会遇到困难。然而，领导者可以将远程工作看作提升任务分派技能和沟通技巧的机会，这在任何环境中都是至关重要的。领导者需要给团队成员设定明确的期望值，以及从项目一开始就给予他们所需的指导，取代长时间的监督，以此来提升团队整体的效率和士气。通常，经验欠缺的管理者在早期很难解决这些问题；远程工作给了他们更多的动力来提升这方面的能力。

无论短期还是长期，远程环境中的任务分派都具有积极的影响。管理者信任员工能够完成任务，不再需要严密监视员工，员工能够学会自己寻找解决方案，并且在工作中变得更为自信、成长得更为迅速。

在任何工作环境中，管理者都不应该令团队成员窒息，也不应该为他们解决所有的问题。不幸的是，这些坏习惯往往会在办公室环境中迅速养成，因为员工在遭遇挑战之初，很容易向经理寻求帮助，而经理看到员工在苦苦挣扎时，就忍不住前去提供帮助。

通过视频进行绩效谈话

在面对面办公的组织中，管理者总是在面对面会议中进行重要反馈，不管是积极反馈还是批评性反馈。尤其是重要的绩效管理实践，如季度审查、年度评估和困难的谈话，包括终止合约等，都是当面进行的。在此之前，很难想象以远程方式进行此类谈话。

然而，远程领导者和管理者必须适应这种无法面谈的情况。除非情况特殊，你能经常与远程直接下属见面，例如在同一个共享空间工作，这类讨论往往十分重要且对时间非常敏感，无法等到下次与员工在碰面时再讨论。为了表达得更清晰，所有绩效评估和敏感对话必须通过视频通话方式进行，而不应通过电话、电子邮件或即时通信进行。

例如，如果你要辞退一名员工，通过视频通话辞退可能不会显得那么冷漠或无情。语言应谨慎但需要清楚明确说明做出该决定的原因，同时密切关注员工的反应。

与预料相反，这种方法实际上比面对面辞退更易于接受。作为远程团队的领导，如果你突然要求员工短时间内与你会面，他们可能会感到恐慌，对谈话充满恐惧。此外，通过远程对话辞退对员工来说也是更容易接受的方式。他们已经在自己的家里，可以私下处理后续问题，而不是在得知自己被解雇后，在办公室、同事或咖啡厅里经历难堪的一幕。

另一方面，在远程环境中更为经常地进行正强化和正反馈也是不错的尝试。因为员工无法每天都见到你，他们不清楚你对他们的评价。注意到直接下属的出色表现就马上给出正反馈，而不必等到下一次绩效考核。

为团队成员营造心理安全感

不言而喻，远程工作场所的面对面互动远少于面对面工作场所。正因为如此，远程团队领导才有必要创建信任感强和透明度高的环境。如果你不能看到员工整天都在做什么，你需要要求员工清晰地描述他们手头的任务，落后于进度之处，以及领导如何帮助员工改进。

由于远程组织中缺少监督，我发现，当员工们乐于发挥主动性并积极主动地寻找方法解决面临的问题时，整个远程团队才会有最佳表现。如果每一项任务员工都需要给经理发邮件，请求协助或是许可，团队的速度会减慢，不利于员工的职业发展。

从事远程工作的领导需要创造环境，在缺少监督的情况下让员工感受到被信任，遇到问题时能够放心地将问题反馈给视线范围之外的管理者，而不用担心受到批评或惩罚。这就需要创造心理安全感高的环境，让员工不害怕犯错，不害怕给领导带来麻烦。[4]

创造心理安全感的有效方法是构建核心价值观。我们之所以将"拥有它"作为核心价值观，部分原因是我们希望员工能够勇敢面对任务以解决问题，不用担心犯错误。我们很清楚这样做偶尔会导致错误，但是我们向员工明确表示，错误是可以接受的，前提是他们能够承认错误，并从中吸取教训，且不再经常重复同样的错误。

还记得 Garry Ridge 和 WD-40 是如何把错误称为"学习时刻"吗？除了他，还有许多领导已经开始意识到，当员工感到他们有犯错的余地并能从中吸取教训时，组织就会有出色的表现。瑞·达利欧是桥水基金的创始人，也是世界上最著名的领导者之一，他大胆创新，在自己的公司里提出了"问题日志"的概念。直到今天，桥水的员工都要求使用"问题日志"来记录错误，供整个公司检查，这样每位员工都可以从中吸取教训，并在未来改进。[5]创建这个工具也向员工明确传递了这样的信息，在积极追求业绩的过程中，桥水是允许犯错的。事实上，在桥水犯错不会给你惹麻烦，但是漏报错误却会给你惹上麻烦。

我们也有类似的版本。某些情况下，出现了错误或是不理想的结果，员工被要求填写情况汇报，包括问题的描述，解决问题采取的措施，以及从错误中收获的教训。我们也为这类报告制作了模板，员工填写起来也感觉正常便捷。

当远程员工相信工作过程中可以犯错同时不必担心受到过度惩罚时，在没有监督的情况下他们会工作得更自在。作为领导者或管理者，你有责任帮助员工认识到他们可以犯错误，出现问题时开诚布公地讲出来，并积极参与问题的解决。

掌握团队进展

你是如何追踪每位员工的进展的？提出这一问题，本身就是基于对远程工作的误解。言下之意是，远程公司不清楚某个时间段员工在哪里，在做什么。怀疑论者认为远程环境中与员工保持联系就像是一场捉迷藏游戏。

尽管我们的员工可以灵活地制定适合自己的时间表，但这并不意味着团队成员可以在不提前通知的情况下消失几个小时。如果员工只是跑个腿或是去健身房，他们不需要报备。但是，如果团队成员需要花几个小时去看医生，整个下午都请假，或者很长一段时间见不着人，他们应该把情况明确地告知经理。团队成员之间共享日历会很有帮助，便于每位员工确定同事什么时候有空，什么时候没有空。

这就谈到了问责制。在工作时间，除非员工与团队和经理另有安排，否则员工必须在岗。这些要求与办公室环境中相似。

同样的理念也适用于休假政策。我们不限制休假时间，但并不意味着员工可以放下一切工作，选择任何时间休假一个月。员工什么时候休假必须事先得到经理的批准，并且休假时长也有限制，除非有例外情况，我们协调休假时间以确保诸如整个客户团队不会在同一周休假的情况的发生。尽管我们希望团队成员能够得到调整休息，但员工对客户、对同事负责也是至关重要的。

禁止监视

前面列举了一些有助于提高工作效率的技术资源，这里有必要强调一个我们并不使用的工具：监视员工日常活动的技术。

尽管有些行业（如金融服务行业）需要这样做，但我们相信自己的员工，除非他们辜负了我们的信任。

话虽如此，我们确实采取了重要的保护措施以防信任受到侵犯，具体措施包括监控文件下载和远程清除个人电脑的能力。

不幸的是，市场上充斥着经理们监视员工的行为，方法也是层出不穷。2020 年底，英国广播公司（BBC）发现，疫情期间制造监视软件的公司需求大幅上升，其中包括计算击键次数软件、随机截图员工桌面软件及跟踪员工鼠标使用情况的软件。[6] 因此，这很可能很快成为就业法和隐私法中颇具争议的内容。

然而，鲜有证据表明员工居家工作时更容易懈怠。例如，卡迪夫大学（Cardiff University）和南安普顿大学（University of Southampton）的一项研究发现，全职居家工作的员工每工作时完成的工作量比在办公室要多。[7] 适得其反，监视技术还带来了一场猫鼠游戏，道高一尺魔高一丈，员工试图超越监视技术并战胜它。如果员工知道经理在追踪他们的电脑活动，他们就会购买鼠标移动器——鼠标可以自动移动，用来制造一种在工作的假象。这是一场零和博弈，不但给管理者造成了额外负担，并且还营造了缺乏信任的环境。

我最近接受了来自两家重要出版物的记者采访，他们正在从事有关此类技术的报道。具体地说，他们调查的是监视员工日常工作软件大幅增长的现象，监视极为具体。

　　两位记者讲道，制作该软件的公司代表坚持认为，监视软件对组织是有积极意义的，对于监视活动，员工欣然接受；并且，由于强化了审查和问责制，团队的工作效率更高。我问其中一位记者，公司代表认为生产力的定义是什么，以及是否与有形的商业成果相关联时，他咯咯笑了。

　　这些高管所宣称的不过是他们的软件擅长把员工"捆"在电脑前。我想知道的是哪些具体的生产效率指标提高了；我敢打赌，像工作时间或击键次数这样的统计数字肯定是增加了。这些统计数据只是表明员工在工作上花费了更多的时间，但这些投入相关的数据并不能证明员工实实在在推进最重要的工作，也没有考虑真正的文化内涵。例如，如果被这种方式监视，当你可以隔几分钟通过移动鼠标来取悦老板的时候，为什么还要为了一笔数百万美元的交易花时间去跟潜在客户打电话呢？

　　就个人而言，我很难相信员工确确实实喜欢公司的监视行为。很有可能是，员工不愿意表达对这种做法的不满，因为他们担心会显得自己有些不可告人的内容。没有员工愿意发现公司不信任他们会完成工作。监视技术可能会有损公司的士气，导致员工想要寻找不受监视的公司。我好奇的是，一旦疫情过去，员工们有了寻找更好职业的意愿，这些公司的员工变动率如何。

忙并不一定意味着完成的任务多。事实上，如果受监视的员工把时间花在完成待办事项清单中的小任务上，而不是花更长的时间去完成那些真正推动公司向前发展的大项目上，我一点也不会感到惊讶。

有更好的方法向员工的时间要效率。这就需要目标和核心价值观等高级文化元素发挥作用了。

高绩效的组织中，员工需要秉持的价值观是透明的，对于员工的期望值，组织有明确的目标和衡量标准，因此能够很容易地衡量员工的产出是否推动业务向前发展，并且组织认识到评估员工的产出更有效，而不需要评估他们这一天是如何度过的。

正如我们在第三章中讨论衡量标准时所问的那样，你是需要一位每天工作 12 个小时却没有销售额的销售员工，还是每天工作 2 个小时却获得数百万美元销售额的员工？

如果你基于结果来衡量员工，你就不需要担心他们如何花费时间。这并不是说管理者永远不应该检查员工的工作。管理人员应定期进行审计，以核实所获得的信息是属实的。例如，如果员工总是不能完成他们的任务、达不到目标，或者两者都无法完成，那么就有理由怀疑他的工作效率太低。这些情况自然需要进一步密切审查。

任何远程组织都需要管理者进行基本的质量控制检查，以确保员工履行他们的承诺。信任员工与明确告知员工他们的工作和行为有时会被核实并非相互排斥的。这就是为什么世界上会有审计员。同理，我们组织中经常吹捧的一句谚语是"信任但需核实"。

如果员工的表现出现了某些问题，数据不准确，客户问题涌现，或者错误重复出现，那么尽快解决这个问题很重要。

当信任不再时

正如我们前面达成的共识，信任在远程组织中更为重要。因为管理者无法随随便便地观察员工并时不时地查岗，所以很难识别员工的工作是否使组织利益最大化。

对远程工作持怀疑态度的领导者通常担心，防患于未然更加困难，可能会危及客户关系、财务状况甚至公司整体。尚无证据表明远程员工比办公室员工更容易滥用公司的信任，但远程工作的领导者可以也应该采取措施，确保公司的违规行为不会演变成重大问题。

即使是招聘有效、文化基础雄厚的公司，也会出现员工滥用公司信任的情况。这并非远程工作所独有的，但由于该员工不在办公室工作，所以在公司网络中应预先建立一种机制便于你快速解决这些问题并防患于未然，这一点很重要。

正如前面内容中指出的，对于远程组织来说，始终为所有员工提供反馈循环至关重要。如果你遵循惯例，设置年度衡量指标，举行年度绩效考核，你或你的管理者将更难及早识别潜在的员工问题。相反，给员工明确的、关联度高的绩效指标，实行季度问责，建立更为频繁的反馈机制，防止滥用信任的现象持续发生。

例如，考虑这样的情况：一名员工在没有事先和老板商量的情况下做出决定，每周只工作 20 个小时，结果是他们的绩效下降。对管理者而言，立即深入研究问题比等待下一个绩效考核周期要好得多。他们甚至会发现事情情有可原，比如员工需要照顾生病的父母或孩子，但又不敢要求临时改变日程。

如果这事早点被发现，就能既帮助员工，又修复信任破裂问题。然而，如果这种情况持续数月，必然会出现信任破裂。处理信任破裂问题的关键环节是建立反馈机制，帮助领导者和管理者及早发现问题的苗头，防止问题恶化到不可挽救的地步。

这也说明了将员工目标融入部门目标与组织目标的重要性。

虽不容易发生，但如果员工夸大了他们的绩效数字，又或者是忽略了关键的优先事项，那么当员工的目标放入组织衡量标准之中时，监控绩效和建立强有力的问责制就会变得更加容易。

例如，在试图确定公司未来的管理者和领导者，你希望经理每个季度都花时间评估他们的员工，并确定哪些员工显示出领导潜力，从而建立公司的领导梯队。如果你只是告诉经理花时间去做这件事，而没有给定客观的衡量指标，那么经理很有可能不会把此事作为优先事项，从而导致积极性停滞。

相反，如果你为每位经理设定具体的指标，每年给人力资源部门推荐两名潜在管理培训候选人，公司的总目标设置为100人，那么就很容易确定哪些经理在完成公司的目标方面做出了贡献，哪些没有达到目标。如果整个团队每周审查指标并划分小组职责，情况尤其如此。

当员工的衡量指标与组织产出挂钩而不是员工个人投入挂钩时，审计员工的目标绩效就会容易得多。个人投入包括拨打销售电话的数量、外发电子邮件数量或其他更容易测量的员工投入。好的衡量标准应该作为一个风向标，告诉员工什么时候关键产出有潜在的风险，并促使你进行更深入的调查。

有了正确的产出衡量标准，如果员工的高层衡量标准中的某些部分出现问题时，你就只需要深入研究员工的表现。

我们在技术部分讨论过，当有人在剑拔弩张的情况下离开组织或设备丢失时，具备技术工具保护组织数据是至关重要的。必须重申，这类保障措施应该属于 IT 团队的管辖范围，而不是由经理负责。IT 团队可以调查员工使用计算机过程中出现的可疑问题，并向经理报告可疑问题。

处理信任滥用问题的最后一步是采取措施减少此类事件发生的次数与频率。这包括事情发生时明确告知团队成员，将问题转化为学习时刻，以及借此强化企业文化。从提醒员工组织的要求是什么开始，然后深入挖掘事件是如何违反了要求。

尽管我们很幸运，这些事件公司历来鲜有发生，但仍然有发生的时候。通常是，员工表现为判断力较差，违反了我们的一个或多个价值观，或者行为方式缺乏诚信。当这些情况导致员工离职时，常常很难控制不实的谣言和私下议论，特别是在远程环境中；许多团队成员可能甚至最初都没有意识到某位员工已经离开了公司，更不用说理解其中缘由了。公开处理这些情况有助于减轻员工的恐惧情绪，同时以他们易于理解的方式强化标准和价值观的宣传，获得他们的支持，使他们能够收到第一手信息而不是道听途说。

上次遇到这种不幸的情况时，我们在接下来的两周一次的全公司电话会议上直接谈到了这一点，解释该名员工明显违反了我们的价值观和诚信标准，导致被解雇。我们没有透露细节，也没有明确员工身份，我们只解释了事件的性质及做出决定的原因。这样做不仅是为了让员工明白信任和透明度对我们的文化至关重要，打破这种信任是一种很严重的行为，而且也是为了使员工明确在未来遇到类似情况时应如何应对。

强大的文化基础正是这样防止员工发生不当行为的。在这个具体的例子中，我们想要非常清楚地表明，这名员工的行为直接违背了我们的价值观，并且一定会产生后果，目的就是避免将来再发生类似的事情。

如果你的组织遇到了信任被破坏的情况，最好将这些事件转化为案例研究和组织其他成员的学习时刻。这将向整个团队展示组织对信任的重视程度，以及在犯错后如何维持信任。

事实上，很多员工在工作中不是出于恶意而违背信任的。我们曾经有一位员工离职是因为试图大量下载公司文件。当我们联系到这位员工，告诉他根据公司的政策不允许大量下载时，他没有意识到自己违反了规定。虽然这可能是真的，也可能不是真的，但我们的目标是彻底避免这些情况，而不是去质疑员工的诚信或意图。

同样，在接下来的公司全体视频会议中，我们提醒所有员工注意他们已经签署的文件保留政策，并解释说，在公司外下载公司文件直接违反了相关政策，并可能产生个人责任。我们还提到了经理会提醒离职员工履行该义务，IT 团队将进行监控，执行该政策并保护机密数据。我们不是想试图抓员工现行，我们只是想明确规则并在第一时间避免任何不确定性，并阻止潜在行为的发生。

如果你希望员工能够维护组织的信任，那么需要明确哪些规则是不能被打破的，并解释哪些行为是被监控的，这一点很重要。此外，通过向组织通报违反信任的情况，但不透露有关员工或事件的机密细节，你就为团队创造了一个学习如何在将来避免类似情况的机会。

事实上，远程工作不同于以往。它是一种完全不同的工作模式，将会考验组织的信任度和组织文化。然而，许多组织在过渡到远程工作时会犯这样的错误：他们试图在远程环境中重现公司面对面工作的流程和管理惯例，可能通过使用监视软件监控员工的电脑，也可能是召开长时间的进展汇报会议，一位领导讲上一个小时。事实上，建立优秀的远程文化需要领导者仔细审视他们的组织惯例中哪些是不适合远程职场的。

维尔·迪纳加拉维尔和他在 Beroe 的团队认为他们面对面的流程不一定适用于远程环境。相反，他们质疑目前的惯例，考虑他们需要采取何种新做法，适应新情况，过程中使用了许多本章概述的策略。

　　对战略和战术进行细致、有意的调整，几乎任何一家公司都能在远程工作中获得成功。阻碍公司发展的原因可能更多的是因为他们的业务运作方式已经过时及缺乏灵活性。

　　远程工作对许多组织来说似乎是一个挑战，但它实际上也提供了宝贵的机会，让领导者能够坦诚地审视自身，思考如何为未来的业务做好准备。在远程工作方面取得长远成功的组织往往能够迅速适应变化，而不是固守现有的流程和策略。

第六章
远程团队如何凝聚人心

　　提到远程工作，人们会自然而然地联想到孤立感。许多人会认为，切换至远程模式会导致团队沟通和联系的中断，并导致员工的归属感下降。特别是公司中只有小部分员工远程办公时尤其如此，远程办公员工可能担心自己错失了愉快的办公环境。

　　这种疏离感实则是可以避免的。问问杰森·劳伦斯便知。劳伦斯是 SalesFix 的创始人兼首席执行官，SalesFix 是 Salesforce 咨询合作伙伴，在澳大利亚和菲律宾拥有 15 名员工。此前，劳伦斯的团队实际上由三个小团队组成，基地分别位于布里斯班、墨尔本和菲律宾，劳伦斯本人在布里斯班基地。但据劳伦斯称，2020 年 3 月 SalesFix 在关闭办事处时，发生了一件有趣的事情。

"我们的团队现在拥有公平的竞争环境。我们其实只有一个团队，而不是三个。"劳伦斯说。员工居家工作，SalesFix鼓励员工凝成一支全球化团队，而不是三支单打独斗的团队。整个组织的共享和协作得到了改善，劳伦斯的团队甚至使用了Remo视频共享应用程序便于团队成员在工作时互相交流。

劳伦斯说："我的视频一直开着，几乎从早上8点到下午5点，即使我离开办公桌时也是如此。""团队成员可以观察到我在还是不在，我在的时候就可以和我讲话，就像在办公室一样。"

即使在远程模式下，劳伦斯仍然有机会接触到员工。事实上，对于那些和劳伦斯不在同间办公室的员工来说，他们现在更容易接触到劳伦斯。为了促进员工间的同事情谊，劳伦斯和团队每周五举行一次长达90分钟的视频通话，团队成员可以互相提问，增进彼此的了解。

尽管组织被迫在不寻常的情况下进行远程工作，劳伦斯认为团队很可能会永远居家工作，他们已经取消了在墨尔本现场办公室的租约。出乎意料的是，搬出办公室让SalesFix的全球团队更加紧密地团结在一起。

在远程组织中，沟通联系和同事间的情谊不应被忽略。和上一章中讨论的所有策略一样，远程团队保持沟通联系需要下些功夫多加思考。

这包括建立面对面的联系。虽然加速伙伴营销公司是一支100%的远程员工队伍，但我们会刻意寻找机会经常碰面，包括与团队一起拜访客户，频繁召开会议和组织行业活动，此外还举行两年一次的区域会议和年度的公司集体活动。

面对面的会议和团队建设对于远程团队至关重要。事实上，因为员工很少聚在同一处，所以面对面会议，无论是小团体还是整个公司层面的，都应尽可能产生成效。

全球招聘应考虑地理因素

疫情期间首次尝试远程办公的公司可能还没有经历过在核心市场或办公地点以外进行招聘。远程公司在世界各地招聘员工，这一可能性很有吸引力，但也具有复杂性，并且充满了潜在的责任。许多开始走上这条道路的公司可能没有意识到他们会遇到的巨大挑战和障碍。创新需要应运而生，市场也正在适应变化。

尼科尔·沙欣创建了世界上最大的入职培训组织之一，致力于帮助各公司进行全球招聘。她是全球化人才服务平台（Globalization Partners）的创始人兼首席执行官，作为全球名义雇主（EOR），该公司帮助来自180个国家的1000多家公司进行全球招聘。2021年，Globalization Partners 年收入超过7.5亿美元，全球拥有数百名内部员工，成为世界上最大的名义雇主。

名义雇主帮助各公司在没有建立实体的国家招聘员工。他们自己建立实体并处理支付工资、雇员福利、纳税和国际扩张所需的其他组织管理来帮助其他公司进行招聘。简而言之，像 Globalization Partners 这样的名义雇主可以使公司在外国聘用员工时，不必再费时费钱地将其业务纳入这些地点，并确保遵守所有当地法律。

例如，那些希望在美国各地扩张的企业也面临着类似的招聘挑战。不同的国家有不同的法律和福利要求，美国不同的州也有不同的法律和法规。为了在多个州进行招聘，公司通常会求助于专业雇主组织（PEO），该组织的职责与名义雇主类似，但在美国的州际招聘除外。许多情况下，专业雇主组织实际上变成了名义雇主，并能够为小公司提供《财富》世界500强的福利，因为它汇集了数十万名员工。

这些公司的存在是为了解决难题。在不同的州、国家及地区招聘员工，对全球公司来说是一个重要的发展机遇，对于远程公司而言尤其如此。与此同时，首次尝试在不同的州、国家或地区招聘对于组织管理而言可能是一场噩梦。

如果公司想在其他国家招聘一名新员工，但并没有与Globalization Partners 这样的公司建立伙伴关系，可能会面临巨大的启动成本，并且需要花费几个月的努力，筹备在该国建立实体。除了纳税和履行报告义务外，他们还必须为新员工安排合理的工资、保险和福利计划。一切顺利的话，你必须投入大量的时间和精力来安排方方面面的事宜；反之，你做了所有的准备工作，却发现员工或市场对该领域并没有产生兴趣。那么你就得花钱再把这一切努力都撤销。

尽管远程公司可以在任何地方招聘员工，但对于招聘地点和应对挑战的措施，必须具有更为明确的策略。雇主必须注意到，在没有认真准备的情况下，进行国际招聘可能产生潜在问题。沙欣目睹了这些恐怖故事，并帮助公司在事后尝试摆脱这些恐怖的情况。

全球招聘应遵守的一些规则

几年前，Globalization Partners 与一家总部位于旧金山的高增长技术公司合作。这家公司（此处匿名）年收入超过 1 亿美元，并准备进行大规模的 IPO（首次公开募股）。

随着首次公开募股准备工作的尽职调查开始，该公司很快意识到他们遇到了大麻烦：公司在世界各地雇用了数十家销售承包商，但没有在这些国家建立实体，也没有进行正当注册。公司合规方面造成重大失误。

销售人员以承包人的身份领取工资，通常是通过 PayPal 等不太传统的工资发放方式，因此，这些员工和公司都没有在所在国家正常缴纳税款。最重要的是，公司这种全职承包商协议违反了许多当地劳动法。

可以想象，这给一家即将进行大规模公开募股的公司带来了巨大的难题。但这似乎还不够糟糕，承包人意识到，他们身份的不合理性威胁到了首次公开募股，成为他们谈判的巨大筹码。该公司试图与承包人谈判，在启动首次公开募股之前作出赔偿并遵守所有规定的法律，承包人聪明地利用他们的筹码狮子大开口。

想象一下，公司规模扩大，巨大收入和全球影响力触手可得时，却发现公司的未来面临着风险。当公司在国际上招聘时，如果没有谨慎处理所有必要的、繁重耗时的法律工作时，就会出现这种问题。

最终，公司和员工在首次公开募股之前解决了他们潜在的合规问题。作为解决方案的一部分，公司不得不为这些员工大幅加薪、提供免税股票期权和其他福利优惠。Globalization

Partners 协助处理了该事件，此后成为公司的名义雇主，这促进了合规的双赢局面。

幸运的是，故事结局圆满：首次公开募股最终通过，并且大获成功。但在这件事上该公司花了一年多的时间和金钱，不胜其烦。他们本可以从全球扩张之时起就使用名义雇主来避免这种麻烦。

借助名义雇主节省时间与金钱

相比之下，从一开始就选择与名义雇主合作的公司，不仅可以避免其中许多问题，而且还可以加速发展。麦进斗（Magento）就是其中很好的一个例子。Magento 是一家顶级电商平台，2015 年从 eBay 分离出来。

分离后，Magento 决定在全球一系列市场上积极寻求商机，打算尽快在这些国家招聘人才。然而，Magento 从一开始就与 Globalization Partners 联手，在 18 个国家招聘了 85 名员工，而且不必在当地建立企业实体。

与名义雇主合作不仅为 Magento 挽救了前面例子中严重影响到朋友公司的法律噩梦，也使得他们能够更快地培训新员工，几乎是在招聘完成之后就可以马上开展工作，尽快地开始为这些国家的顾客和客户服务。

快速培训员工的能力看起来并不像是能够改变游戏规则，但是公司业务不同，有可能真的能够改变规则。由于增长速度快，甚至新员工的入职时间比以前快上三天，都会给 Magento 带来明显的实质性财务收益。

后来，当 Magento 开启收购谈判时，他们顺利通过了尽职调查，没有遇到任何与雇佣合同有关的法律障碍，因为雇佣合同一开始就签订得很完善。这次收购很快就完成了，Adobe 最终以 18 亿美元的价格收购了 Magento。

在商业上，走阻力最小的道路从长远来看可能会演变成巨大的问题。与其在世界各地招聘员工，把任何相关的问题留待以后处理，不如了解招聘地的政策与招聘方式，当需要专家帮助时，及时向名义雇主和专业雇主或其他专家寻求帮助。

名义雇主和专业雇主在全球范围内越来越流行，便于公司能够以更低的行政管理成本在新的国家雇用少量员工。这些公司并不便宜，往往收取总薪酬的 20%~30%。然而，如果你需要在新的国家快速且便捷地招聘少量员工，而不必做出正式成立实体这种昂贵且更永久的决定，同时又能确保遵守新的劳动法，这不失为性价比很高的选择。这些公司也为你的员工提供显著的福利。获取福利时，全球名义雇主和专业雇主组织能够将来自不同公司的员工汇集成一个大团队，便于他们为员工协商更合理的福利计划。

我们在组建美国团队和全球团队的过程中，广泛使用了全球名义雇主。robertglazer.com/virtual 上可以看到示例列表。

枢纽模式：建立世界一流远程文化的秘密武器

当我们刚开始决定组织实行 100% 远程模式时，即使我们扩大了业务范围，我们的人才招聘也不限城市、州或国家，前提是只要有合适的人才。但我们逐渐认识到，这在组织管理方面太困难，而且对我们希望建立的世界一流文化构成了障碍。无论是从成本还是从组织管理角度来看，我们都很难让大家聚在一起参加员工的私人聚会或定期的社交活动。

根据我们的经验，我们还意识到招聘资源（如招聘板）是围绕当地城市或市场进行的。虽然很多招聘资源允许使用"远程"进行地点过滤，这很有帮助，但我们并不一定总是针对那些专门寻找远程工作的人，而尝试"不限"选项，招聘比你想象的更难。

我们参考航空业的常规策略，提出了名为"枢纽模式"的解决方案，而且我相信这是缩小远程工作和办公室工作之间差异，建立世界一流远程文化的秘密武器之一。

为了在传统的面对面工作场所和分散的员工队伍之间折中，我们决定创建一个枢纽网络，一个地点聚集 10 多名员工，并计划在几年内将 80% 的团队部署在这些枢纽上。虽然我们在这些枢纽城市没有设办事处，但我们的员工聚集在距离主要机场大约一个小时车程的地方，以方便互访和联系。我们的目标枢纽是拥有巨大的人才库、生活成本较低、人们青睐更灵活的工作生活方式的城市。这意味着我们有意地避开了纽约和旧金山等城市。

沙欣在 Globalization Partners 的团队也采取了类似的做法，她在波士顿、戈尔韦、墨西哥城、伊斯坦布尔和印多尔等城市的枢纽雇用了大量员工。尽管疫情期间其团队成员居家工作，但未来他们将继续从枢纽城市招聘员工。

员工与团队其他成员同居一座城市，为合作和员工为主的社交活动提供了机会。我们并不强迫员工与团队其他成员进行社交，但是我们大多数员工很好地利用了这点，并能从中有所收获。大多数枢纽每季度举办一到两次活动。

采取枢纽模式也使远程组织能够进行面对面的面试，作为招聘的最后一个环节。我们发现，虽然视频电话在面试的前几轮效果都不错，而面对面的面试则能进行最后一轮的检查，确定应聘者是否明白社交暗示，性格和气质是否合适。这往往会颠覆我们对应聘者的看法。

我们每年安排两次枢纽会议，各个枢纽的员工可以聚集在一起。执行团队的成员乘飞机赶来参与，大家聚在一起共进午餐或晚餐，进行社交活动，并讨论如何完善组织。

由于枢纽位于大型机场附近，我们的领导团队成员可以在两到三周的时间里与公司上下面对面举行一系列会议。由于距离机场很近，没有居住在枢纽的员工也很方便飞过来参加这些会议。这个系统是一个很好的尝试，员工能够感觉到彼此之间相互联系，与我们的领导团队建立融洽的关系，并对不完善之处进行实时反馈。

枢纽模式为办公室文化与完全远程文化之间构建了完美的中间地带。它便于远程公司在团队中创建更多的社交机会和社交联系，并帮助领导者在掌握更多信息的情况下做出关键的招聘决定。

正因为如此，沙欣和她的团队将继续采用枢纽策略，即使他们更倾向于灵活的远程工作。虽然公司目前还不打算放弃现场办公室，但沙欣肯定打算增强公司在远程工作方面的灵活性。如果说有什么不同的话，那么枢纽战略将使这种转变变得更加容易，员工可以更频繁地居家工作，同时至少在部分时间内可以与附近的同事一起进行面对面的工作。

重塑办公室

面对面的联系和协作将永远是工作的一部分，即使对于远程公司也是如此。公司在向远程职场过渡的过程中，一个不可避免的趋势就是创造性地重新利用办公空间。一些组织会取消他们的常设办公室，转而使用协同工作空间或短期灵活工作空间来开展偶尔需要面对面的工作。另一些公司将永久保留办公空间，但会专门设计成只用于员工偶尔的协同工作，而不是日常工作。

也许这并不奇怪，最早宣布进行办公室改造的大公司之一竟是多宝箱（Dropbox）——一家云文件共享的先驱。这家科技公司最近透露，其近 3000 名员工将在疫情结束后继续居家工作，但偶尔也会在公共办公场所与同事进行协作或团队建设。为了优化现有的办公空间，公司将移除员工的独立办公桌，创建一个他们自称为"Dropbox 工作室"的地方。[1]

"简而言之，Dropbox 正在成为一家远程优先的公司，"Dropbox 人力资源副总裁梅勒妮·柯林斯在宣布这一消息后告诉美国有线电视新闻网（CNN），"这意味着远程工作成为我们全球所有员工的主要体验。因为我们知道人与人之间的联系对于建设高绩效团队仍然至关重要，我们将重点打造协作空间，方便团队聚会和建设，而不是一堆每天要用的办公桌。"

柯林斯明确认为，Dropbox 工作室与混合型工作场所截然不同。在混合型工作场所，员工每天都要完成他们的专业任务，只是办公地点可以是家里也可以是办公室。Dropbox 工作室将只为必要的面对面活动提供场地，如团队建设、战略规划、领导力培训和其他公共活动。虽然办公室工作的许多方面可以在线上复制，但上述活动最好能够面对面进行。

这种安排带来了多重好处。这将为所有员工创造一个公平的竞争环境，而不是一些员工在远程工作时总是担心错失办公室同事享受的办公室体验。此外，Dropbox 的新模式赋予员工更多自主权，他们可以自主选择生活和工作地点。

柯林斯在接受 CNN 采访时说："这种模式下，远程工作是员工的主要体验，因此实际上在日程安排和工作地点选择方面给了员工更多的自由。""我们将继续鼓励员工采用这种新的模式，并希望员工在对他们有意义的地方工作。"

Dropbox 的案例说明了远程工作和个人联系并不是相互排斥的。拥有一个或多个办公室的公司可以转向远程模式，采用更为小型的、协作为主的办公空间，从而减少办公成本。员工可以聚集在办公空间参加重大会议、面对面培训及团队建设。

前面内容中，我们使用了这样一个类比：搬家过程中，你可以清楚地知道哪些私人物品和家具是你真正看重的，哪些是你乐于处理掉的。办公室生活也是如此。无论你的公司规模大小，员工真的不需要每天聚集在一起，只为了坐在他们的个人电脑前，埋头完成自己的工作，并且尽量不去分散彼此的注意力。远程公司中，应尽量减少见面次数，精心策划每次见面活动，使其能对员工产生深远影响，这样才能放大办公室真正有益的方面。

我想很多公司会效仿 Dropbox 的做法，让他们的团队两全其美。员工们工作日大部分时间里可以免于通勤，在家里舒适的环境中完成各自的项目和任务，而偶尔的面对面联系和协作也会被视为一种奖励。这种情况下，面对面的头脑风暴会议或团队建设活动将不再像是一种干扰，员工会乐于有机会可以亲自见到同事，并与通常只能在视频通话中见到的同事建立关系。

这个例子很好地说明了在疫情期间被迫进行远程工作的公司和员工如果选择继续远程工作模式，就会有更美好的未来可期待。公司只需支付比办公室费用更少的费用，就可以租用空间并设计成为专门用于同事间联系、协作和学习的空间。换句话说，员工可以享受最佳利益，既享受了办公室工作的体验，同时又省去了日常通勤和办公室干扰的问题。

年度峰会

除了小规模会议之外，完全远程的组织还应积极考虑召开年度面对面会议，员工可以在会议上建立联系，参与团队建设，并更多地了解组织的愿景和战略，以及员工如何融入其中。

大多数组织，无论是在远程模式还是办公室模式，都会举行某种形式的团队聚会。我们的是称作 AP 峰会的面对面活动，活动上我们把所有的全球员工带到一个地方进行为期三天的培训和团队建设。我们将办公室支出节省下来的大量资金投入到这次活动中，使我们的团队更紧密地团结在一起，为我们公司的未来注入活力。下面是一个议程示例：

---

11 月 3 日　周日

全天　国际抵达，西海岸或中西部抵达（根据需要）

11 月 4 日　周一

10:00　　　　　　　　　注册报到

12:00—14:00　　　　　　午餐供应

15:00—17:00	新员工培训
17:00—18:00	破冰活动或社交活动
18:30—20:00	自助晚餐
20:00—23:00	社交晚宴

11 月 5 日　周二

6:00—8:15	自助早餐
8:30—9:45	开幕会议
9:45—10:15	休息
10:15—12:00	主旨演讲
12:00—13:00	自助午餐
13:00—15:00	团建活动
15:30—17:00	员工 TED 演讲
17:00—19:00	自由时间
19:00—20:00	自助晚餐
20:00—23:00	社交晚宴

11 月 6 日　周三

6:00—8:15	自助早餐
8:30—9:45	员工 TED 演讲
9:45—10:15	休息
10:15—12:00	职工大会
12:00—13:00	自助午餐
13:00—15:00	团建活动
15:30—17:00	闭幕讲话
17:00—19:00	自由时间
19:00—23:00	晚宴及颁奖典礼

11 月 7 日　周四

全天　返程

　　这种做法在远程组织中很常见。全球网络设计公司
Automattic 每年都会举办一次为期七天的大型会议，将遍布世
界各地的员工聚集在一起。举办这类年度聚会的部分原因是为
了学习和培训，但更重要的目标是促进员工之间的分享和感情

联系。对于远程组织来说，这类会议是一年中所有员工共聚一堂的唯一机会，因此创造适合即时深度沟通联系和开放共享的环境是很重要的。

我们 2019 年的峰会就是一个很好的例子。我们聘请了世界知名教练菲利普·麦克南，请他来主持"最后一次谈话"活动，该活动由他本人创立并已推广至全世界。在这个节目中，人们聚集在一起，聆听演讲者发表他们想要发表的讲话，假设他们正在经历在地球上的最后一天。毫不奇怪的是，这一情境迫使演讲者与听众分享他们最深刻的想法，即使是素不相识的人。我们认定这将成为峰会有趣的亮点。我们承认存在一些风险，但我们认为这会给团队带来全新的感受。

我们需要演讲志愿者，一开始我们担心收不到任何申请。出乎意料的是，我们收到了 8 份踊跃的申请，是我们所需要演讲数的两倍，我们把名单缩减到 4 人，作为峰会前期的准备，他们 4 人跟随麦克南进行了为期数月的培训。最后，这四名员工当着全公司的面，发表了极具个人特色又极富感染力的演讲。值得一提的是，这些演讲极大地明确了每位演讲者的核心职责是什么，以及他们如何开展日常工作。会场里大家听得津津有味。

也许最值得注意的是，我注意到这些演讲在峰会剩下的时间里，使整个团队更加开放，分享也更深一步，且分享不限于共事数年却从未进行过真正意义讨论的同事之间，也包括几天前刚刚加入团队的员工之间。

如果是就职于远程组织，这种深度联系对于构建优秀的企业文化远比茶水间的闲聊有意义得多。我坚信，这种活动会使我们的团队更具凝聚力，即使我们大部分时间都不待在一起。

我们还将指导原则纳入 AP 峰会，并在活动的最后一晚举行了核心价值观颁奖典礼。这是我们今年唯一的正式活动，在这里，员工们盛装打扮，我们为许多表现出色的员工颁发奖项。

我在第三章中解释了核心价值观对于运营方式及员工的评估与奖惩方式至关重要，这就是为什么我们给那些最能体现公司三个核心价值观的员工颁发奖项。奖项由公司所有员工投票决定，并由前一年的获奖者颁发奖项。对于每一位员工来说都是一次特别的经历。

在表彰过核心价值观奖获得者后，我们会以"梦想助力计划"结束年度峰会。灵感来自马修·凯利的《梦想管理》和约翰·史崔勒基的《世界上最伟大的 CEO 告诉你》等书。我们定期询问并倾听了解对于员工来说重要的事情是什么，并且每年在峰会之前收集正式提交材料。然后，我们会从中选择几位员工，选择我们想要帮助他们达成梦想或目标的员工，并帮助他们实现。名单会当着整个公司宣布，以此作为 AP 峰会的闭幕仪式。

这件事我们已经做了三年了，助力实现过各种各样的梦想和目标。我们曾给一位员工提供过飞行课程，也曾帮助一位员工成为当地大学的客座讲师，并与私人教练进行合作，设定并实现另一位员工的健身目标。其中一些梦想或目标甚至更加精细。有一次，我们雇用了一名私家侦探，帮助一名员工找到失散已久的兄弟，还曾经安排员工去希腊旅行，以便她 90 岁的祖母能见到她的孙女。

仪式的这部分内容对于受奖者来说是一次难忘的经历，但同时也将整个公司凝聚起来。员工看到同事得到奖励和表彰时总是很兴奋，每每看到这一幕，我自己也是备受鼓舞。这绝对是我作为管理者最喜欢做的事情。

找到传递善意的方式

最后，我想跟大家分享一个关于增强团队凝聚力的故事。通过这个例子，你也可以了解远程环境中可以建立何种联系。

故事起源于我的一次决定，就是在每天的日程表中设置富有成效的晨间惯例。我从参加过的各种领导力培训项目中了解到了这类方案的重要性，并决定每天早上留出时间进行安静的思考、写作和进行富有启发及正能量的阅读。遇到的唯一障碍是，我能找到的许多励志书籍和资源对我没有起到预期的效果。于我而言，这些有点太过于"平淡无奇"了。和许多企业家一样，看到空白项，我的反应总是尝试自己去创造。

我开始每周写一篇简短的励志笔记，并与我的团队分享。当然，我们是远程办公模式，我想创新一些内容可以帮我考验团队，并促使他们改善和追求目标。因为在我们组织中，亲自指导在很大程度上是不可行的。

我在 2015 年发出了第一批笔记，并将其命名为"星期五的灵感"。这些内容很简短易读，要么自己写一些鼓舞人心的内容，要么分享那周发现的对我特别有影响的故事。发了几周之后，尽管可能没有人在阅读这些内容，但我真的很享受写作的过程。这无疑是最完美的晨间惯例：我可以写作，可以思考，可以和我的团队分享。

然后，我开始收到员工们的反馈，他们每周都期待着这样的内容，并把它分享给朋友和家人。不仅如此，我们团队的成员还分享了他们如何利用这些内容鼓励并改善自己的生活，不管是跑步，还是评估长期目标，甚至只是改善工作表现。

这些笔记特别引起了我们团队的共鸣，因为这与我们建立人际关系的价值观紧密相连，即提升对工作和生活的掌控力。但这些内容并非只是针对我们的业务，所以我就又有了一个想法，这些信息可能在公司之外也具有影响力。于是，我决定向公众开放信息。

我创建了一个即时通信系统，花了 50 美元买了 WordPress 模板，并决定把周五的邮件发送给更广大的观众，同时把之前的邮件存档在网上。人们通过网络分享这些邮件，随后便开始通过口口相传的方式传播开来。因为每周转发邮件的人太多了，我决定把这个名字改成"周五前进"（Friday Forward）（www.fridayfwd.com）。

5 年后，60 多个国家的 20 多万人每周阅读"周五前进"。这改变了我们的公司和我的生活，远超出了我所能预料的，我也因此写了两本书：《提升》和《周五前进》。

新冠疫情期间写这些内容时，我注意到读者反馈邮件越来越多。人们困于家中，许多人感到孤独、恐惧或沮丧。尽管这些推送的内容很简单，但它们展示了，即使在远程环境中也能与人建立深度人际联系。

我之所以强调这一点，是因为即使员工并不在一起，远程组织仍然有机会通过书面、电话或视频方式保持联系。即使不能总是面对面，这些联系仍然意义重大。

　　远程工作场所并不比面对面的组织需要的联系更少或不如后者更人性化。通过在可能的情况下进行面对面的互动，并培育一种共享、联系和感性的环境，就有可能在工作地点相隔数百英里甚至数千英里的同事之间建立永久的联系。

反思本书所概述的战略与策略时，一个问题自然而然出现了：是否存在一些因素，诸如全球影响力或员工规模，使得公司过于庞大，无法在全员远程工作模式下运作？

为了探究这个问题，我向巴斯·伯格寻求帮助。伯格是英国电信集团子公司必拓环球（BT Global）的首席执行官，该公司在 72 个国家拥有约 1.7 万名员工。

必拓环球向世界各地的跨国公司销售技术和网络解决方案，服务客户的业务遍布全球 180 多个国家和地区。必拓环球在新冠疫情来袭之前就开始准许员工进行远程办公，但他们更希望员工居住地位于公司办公室或客户市场附近。伯格的全球团队特别重视面对面的互动，无论是在内部会议上，还是在与客户和潜在客户的会议上。许多员工经常出差，或是与客户会面，或是与同事共同处理复杂的业务。

"作为组织，我们总是频繁出差，"伯格说，"我们很珍视能坐在一起进行面对面的见面。我们会定期组织多种多样的活动。坦白说，我们的顾客希望我们在他们附近。这就是为什么我们必须距离客户所在地很近。"

当疫情袭来时，必拓环球处境艰难，公司需要在有限的时间内将一支全球团队转移到17000个家庭办公室工作。尽管当时的情况并不理想，但伯格一直很认可远程工作的效果，并欣然接受改变，主动做出调整。

"我对远程工作的态度一直很正面。我们组织中有很多的专业人士，出色是他们的习惯，他们也绝不懈怠。他们雄心勃勃，他们想要把工作完成好。"伯格说，"在远程环境下，远程工作给了他们灵活性，给了他们选择。我非常赞成。"

伯格确认，远程工作需要具备一些核心内容：任何规模的组织都可以适应远程工作，前提是他们具备适当的支撑体系及文化基础。

随着疫情席卷全球，必拓环球的全球布局成为一把双刃剑。该公司在东亚的办事处早期受到新冠疫情的打击，但对病毒影响力的预判让全球团队逐渐过渡到远程工作模式。至公司需要关闭欧美办事处之时，伯格的团队已经拥有时间为公司马上面临的新常态做好准备。

在某些方面，公司的大小、全球规模和资源是成为促进其快速适应远程工作的资产，适应速度比更为敏感的小型公司更快。必拓环球目睹了疫情如何扰乱中国区的业务，这一经验也帮助他们为应对其他地区的疫情做好准备。

作为数字通信工具的销售商，必拓环球已经具备远程工作所需的技术。其员工具备笔记本电脑，客户支持代理使用基于云的联络中心，并支持居家操作。一旦明确了团队将无限期居家工作，公司唯一需要提供的基础设施就是简单的办公设备，如键盘、显示器和其他配件。作为领先的网络安全解决方案提供商，必拓环球也意识到业务从办公室受控的环境转移到分散的远程工作现实中，必然带来安全方面的影响，为黑客开辟了全新的攻击范围。毕竟，这是他们对跨国公司提出的建议：保护资产、信息，当然还有他们的员工。

乍一看，规模较小的公司在过渡到远程工作时似乎会有优势。相比 17000 名员工，为 17 名员工设置员工家庭办公室、解决遇到的问题及创建远程通信渠道都要容易得多。但必拓环球的案例表明，规模较大的组织在转向远程工作场所时有自己的优势：他们在房地产、人员配置、技术基础设施和全球通信方面已经有了数目巨大的预算。钱就在那里，他们只需要把充足的资金分配到远程环境中即可。

　　尽管必拓环球是本书目前提及的规模最大的公司，但伯格称，他的团队也同样从远程工作中获得了许多意想不到的好处。最大也最出乎意料的惊喜是，远程工作在具有庞大的等级和地域差别的团队中创造了"民主"。在疫情之前，必拓环球实际上是一个混合型组织；许多员工的工作地点是公司的大型办公室，也有很大一部分员工居家工作或是附属办公室工作。团队整体采用远程模式带来了通用的全球共享经验，而之前并没有先例。

　　伯格说："每个不常在办公室的或是大多数时间远程办公的员工都喜欢这种方式。""每位员工都出现在屏幕上。坐在家里也没有愧疚感。在远程环境下，员工都觉得联系彼此更容易了。工作效率更高了。一度我们甚至问自己：'我们之前怎么还能挤出时间通勤呢？'"

　　过去几十年来，由于数字通信和全球旅行的便利性，全球组织变得更加普遍。但疫情前，各种规模的公司，包括我们公司在内，很少停下来思考所有差旅的真实成本。疫情使大家能够停下来重新思考之前的固有观念。

　　差旅被董事会取消时，伯格和他的团队发现好处还是显而易见的。员工不再需要将每周宝贵的工作时间浪费在交通、机场或飞机舱里。因此，他们可以直接向对方寻求帮助，当同事们不需要隔天出差时，新的合作机会就出现了。组织之前认为差旅和面对面协作是至关重要的，但其实删去这些元素后，团队效率反而更高了。

要清楚的是，这种高效率并不是自然而然产生的。伯格和他的团队明确了努力方向，对他们的运营方案进行评估和调整，以适应他们新面临的远程工作的现实，在此过程中，他们借鉴了前面章节中概述的许多战略流程和策略。

早期，团队成员意识到他们需要更主动地与员工沟通，了解他们在远程工作中的情况。缺少了面对面的检查，他们需要寻找新的方法来监控员工，观察他们是否工作量不足、工作量过大或是对工作量不满意。

组织还必须考虑远程团队如何去管理员工的绩效。很快，伯格和他的团队意识到他们的重心应是强调结果而不是行为。

"我们决定不再加强对员工行为的监控程度，"伯格继续说道，"我们今天所做的是更好地管理结果。我们衡量员工的产出，并在此基础上确定员工的工作量是否充足。"

正如前几章所述，无论什么规模的组织都应该强调员工的产出，而不是时间和精力的投入——这应该成为所有组织的标准，无论是远程办公还是现场办公；当员工清楚对他们的期望值时，他们的幸福感和投入度会更高；当公司能够为员工制定明确的标准时，公司的业绩也会更好。

需要重申的是：无论你的团队是在办公室工作还是居家办公，这都是更有效的方法。办公室工作，在很多情况下，会导致专断的微观管理；工作够一定的小时数，工作至很晚，或者周末工作都会使员工经常倍感压力。而这种面对面的监督在我们目前的远程环境中也不现实，于是许多微观管理领导者因此而苦苦挣扎。而那些更关注团队实际成果的管理者调整起来更容易一些。

疫情带来的一线好处就是，它迫使许多公司将衡量结果作为优先事项，就像伯格和他的团队那样。在必拓环球，即使无法进行办公室监督的情况下，他们依然相信员工不会借机逃避工作。

矛盾的是，许多远程员工可能更倾向于寻找消磨时间的工作来证明他们的敬业度和生产力。比方说，伯格和他的团队曾有过这样的经历，员工开始渴望承担更多的工作，而实际却时不时地转向没有太大用处的活动。组织领导者需要以更有成效的方式转移这种精力；否则，员工会在没有创造真正价值的任务上过度劳累自己。陷入消磨时间的工作对员工和公司来说是双重受损。

证明自己有价值、效率高会给远程工作者带来很大的压力，特别是在经济不稳定的时期。远程员工会习惯于通过召开无关紧要的会议，或者给同事发送不必要的邮件，以示投入。组织领导者需要认识到这种倾向，引导员工远离这种无效的行为。解决这一问题的方法之一就是帮助员工建立与远程同事更紧密的联系。当员工有机会与同事进行社交时，他们会感觉不那么孤单。

伯格和他的团队越来越鼓励团队成员进行纯社交性质的视频通话。这些聚会的目的是让团队和员工能像他们在办公室一样，通过喝咖啡、下班后约酒和其他社交聚会来维系关系。远程工作也让伯格更容易与全球团队中更多的成员建立个人联系，5 分钟的时间段内就可以加入世界各地的"饮水机会议"中，享受与员工们在一起的时光。

由于必拓环球在世界各地设有办事处，其中一些地区必然先于其他地区恢复安全的办公室工作环境。那么，伯格就会重新引领混合职场团队。即便如此，平衡似乎已经发生了变化，在欧洲和美洲等地区疫情消退之前，将有更多的员工进行远程工作。这种安排将不可避免地给组织带来一系列挑战。

伯格及其组织目前正在评估推进深化远程工作战略的最佳方式。他坚信，必拓环球的远程工作规模只会越来越大，因为领导层已经看到了远程工作的效果。事实上，公司已经调整了其房地产战略，以适应其更大范围远程工作的计划，减少了办公室的数量，并探索将办公室改造成混合用途的空间，既有公共工作区，也有与同事进行远程会议的私人房间。

伯格承认，现场办公室永远是商业世界的一部分。人天生就具有社会属性，很多员工在与他人面对面进行头脑风暴时更能挖掘自己的创造力。

同样需要考虑的是不同的员工会有不同的需求，特别是不同年龄层次的员工。具体来说，伯格预测年轻人会对办公室工作更感兴趣，部分原因是他们可能住在不够宽敞的房子里，远程工作不会太舒适。同样这些员工也会更热衷于频繁出差，因为他们家里可能没有孩子或伴侣。

伯格指出，为了让真正居家工作的员工生活得更方便，组织应该为每个员工配备尽可能好的资源以适应家庭办公环境。包括极佳的互联网路由器，内置 4G 互联网接入功能以防家庭宽带断网，智能安全服务，双屏显示器，符合人体工程学的座椅，以及其他工作场所必备品，既能增添远程工作体验的舒适感，又能提升工作效率。伯格甚至还补充说，还有一种可能，企业可以计算出租用办公空间的资金数额，再除以团队中的员工人数，然后重新分配这笔资金，使每个员工都能拥有顶级的远程工作空间。

无论必拓环球未来选择如何，伯格确信公司不会回到疫情暴发前的样子。尤其是，以远程办公为主导模式的组织可以在全球范围内招聘最优秀人才，这一想法令伯格和团队感到兴奋。

必拓环球展示了如何在大型组织中开展远程工作的最佳实践案例。尽管这种转变并非毫无教训，但是在短时间内过渡到完全远程工作场所的过程中，必拓环球仍能保持高标准的客户服务、生产力和参与度。

此外，伯格和团队的例子说明了远程组织的领导者是可以在全球公司中建立更紧密联系，以及为每位员工创造公平的竞争环境。

许多公司自成立以来都曾有过这样的结构：绝大多数员工在办公室工作，小部分员工远程办公。这种职场模式中，远程员工常常感到与团队的疏离感，他们确定自己会错失组织社交方面的经历。

事实上，许多人对远程工作的负面体验都源于这种方式，即只有部分员工居家工作。很容易演变为"我们与他们"的互动模式，远程员工会认为自己是独立的组织，而不是整个团队的一部分。在许多情况下，组织没有去考虑如何帮助少数远程员工提升参与度并促进联系，无论是彼此之间的，还是与现场办公同事之间的。

混合组织召开会议可能会特别尴尬。尽管一些组织试图通过在会议室设置摄像机和麦克风将远程员工纳入其面对面会议中，但这可能带来的问题多于解决的问题。

参加会议室会议的远程员工无法清楚地看到同事；正如伯格所指出的，相比真人，视频中大会议室里的员工看起来更像一个点。有时，会议室的麦克风无法接收到会议室桌前每一位发言者的声音，远程员工发言时可能会感到不舒服，因为他们是少数几个没有在现场的人。伯格说，他建议所有员工都通过个人电脑参加会议，即使他们身在办公室，这样可以让远程员工更有效地融入其中。

因此，当组织中的每个人都处于相同风格的工作空间中时，要么都是办公室工作，要么都是远程办公，问题就自然消失了。即使是在世界各地拥有数千名员工的大型组织中，员工都居家工作时，也会看到更公平的竞争环境。在考虑组织未来的远程工作策略时，领导者必须铭记于心：创造只有少数员工居家工作的环境，通常会加剧远程工作带来的疏离感。

不适宜远程办公的行业

我之前注意到，只要创建正确的文化基础和流程，大多数组织都可以适应远程工作模式。然而，也存在一些行业，出于其核心业务模式，就不会和远程工作模式那么兼容，至少在远程通信和协作技术出现变革性突破之前是这样。

制造业、公用事业、园林绿化、建筑和食品服务等实体行业永远不可能成为完全的远程模式。尽管在这些公司中担任运营、销售、市场营销和行政领导职务的许多员工将可以居家工作，但该行业生产核心产品和提供核心服务的员工仍需要现场工作。这些公司需要避免出现部分员工可以远程工作而部分员工无法远程工作的情况，这会发出错误的信号，并可能在工作场所产生容易制造矛盾的"我们与他们"模式。如果这些组织允许部分员工远程工作，则需要要求远程工作者花费一定时间来到工作现场，从而强化团队信任、团队联系和团队交流。

艺术或创意领域的组织也可能在远程工作中苦苦挣扎。虽然作为创意团队远程协作并非不可能，但建筑、设计、时尚、艺术和音乐等领域的从业者通常更喜欢面对面协作。

最后，团队需要进行大量跨部门协作的公司会在远程工作场所面临挑战。一个明显的例子就是，产品开发团队通常对面对面工作的模式会更轻松，因为每个人共处一室，办公室里又有样品，这样大家可以共同商量以进行调整。

在远程环境中，团队构建协作流程、达成共识和身份认同需要花费更多的时间和精力。如果组织是以项目为基础进行团队协作的，那么不断地重新建立合作实践可能会带来更多的挑战与麻烦，这不划算。

虽然许多组织都可以在远程环境下蓬勃发展，但领导者必须考虑清楚远程办公是否适合他们的工作场所及其专业模式。领导层必须具备自知之明；对于组织领导者来说，这涵盖了了解组织业务的需求，以及谨慎思考远程工作是否能够有效地满足这些需求。如果未经深思熟虑就仓促投入到远程工作模式，会导致持久的后果，所以在冒险之前要三思而行。

领导者的摇旗呐喊

我们已经达成共识，组织文化应始于领导层。当领导者具有自知之明的时候，他们就会做出最佳的判断。作为领导者，如果你清楚什么对你最重要，并信心满满地与他人分享，这是职场蓬勃发展的一个很好的开端。自我认知也可以明确组织的定位。具有自知之明的组织拥有明确的观点，并能确立组织的使命、愿景和价值观，并能与员工、客户、合作伙伴和未来的员工分享。

正如前面章节所讨论的，员工的适配度对于组织的健康发展是至关重要的。这就是为什么我喜欢"摇旗呐喊"的理念，作为组织，你应该昭告天下，你注重什么，组织是如何运营的。拥有相同价值观的人会被你的环境所吸引，并且本能地想与你共事，而那些不欣赏这些价值观或做法的人会知道，作为雇主或合作伙伴，你不适合他们。

加速伙伴营销公司多次被 Glassdoor（企业点评公司）评为最佳工作场所。尽管我们收到了很多正面反馈，但我发现人们分享的不足之处或挑战中（即使是正面的评论中）也揭示了我们是谁，我们重视什么。

人们分享的关于加速伙伴营销公司的不足之处或挑战

▶ "居家工作听起来很棒，但是不要认为这是一份轻松的工作。"

▶ "这是一家机构，所以节奏很快，对于一些人来说可能并非如此。"

▶ "你真的需要具有自我激励机制才能在 100% 远程公司工作。"

▶ "节奏快，任务重。"

大多数组织都能清晰地认识自我，认识什么类型的职业特质不适合他们的团队，所以必须让未来的员工清楚了解他们将要加入的组织环境是什么样的。在远程领域，这一点变得尤为重要；既然你不能领着应聘者参观漂亮的办公室，认识办公室里精力充沛的员工，让应聘者了解组织的文化，那么你就需要展示组织的核心理念，包括看重的东西和不能容忍的东西。

远程工作的前景

　　想象一下，你所处的办公室十分漂亮，漂亮到可以充当某著名电视节目的布景。整整一年，Hawke Media 的首席执行官埃里克·休伯曼和他的团队就处于这样的办公环境中。

　　这家总部位于洛杉矶的营销机构成立于 2014 年，并迅速建立了一支 160 多名员工组成的团队，公司以提供便捷的顶级营销服务而享有盛誉。为了营造一个符合公司服务质量的工作场所，Hawke Media 花了两年时间，投入 100 多万美元寻找并定制了一个办公空间。该办公室于 2019 年 3 月竣工，配备了时尚办公家具商 Vari 最先进的家具，拥有用于公司全体会议的会议舞台、私人通话亭和时尚的会议室。

休伯曼说："这种布局完美地契合了我们的运营方式。""整个设计彰显了庄严感。设计中还不乏象征意义，象征着公司所取得的成绩。"

当时，公司几乎所有的员工都在这间豪华的办公室里工作，休伯曼认为这间办公室是公司的一个亮点。办公室设计十分前沿，HBO 甚至联系到公司，要求在那里拍摄《硅谷》的最后一季。

接下来，Hawke Media 入驻整整一年后，新冠疫情来袭。2020 年 3 月，随着疫情在加州迅速蔓延，公司要求所有员工居家办公。疫情之前，休伯曼认为远程工作并不适合公司；他认为办公室里的同事情谊和协作是不可替代的。但他的员工很快适应了远程办公，业务在历史性的经济衰退中持续增长。更重要的是，当休伯曼对团队进行调查，询问员工是否愿意在疫情过去后重返办公室时，80% 以上的员工表示不愿意，无论是什么岗位。

休伯曼和领导团队听从了大家的意见，Hawke Media 决定放弃他们世界一流的办公室，并承诺疫情之后仍然远程工作。对于投入了大量时间、精力和金钱打造的完美工作环境，尽管一些领导者可能很想说服团队回到办公室，但休伯曼意识到，着眼未来更重要。尽管投入巨大，但他无怨无悔。

"一年前，那间办公室正是我们当时所需要的。然后世界改变了，"休伯曼说，"你只需要接受这是一种沉没成本，然后放下就可以了。"

世界各地的组织都面临着与休伯曼和其团队同样的问题：远程工作的未来是什么样子的？既然我们都经历了远程工作的全球性实验，那么重新恢复到正常状态时又是什么样的？

答案是，灵活性将继续成为吸引远程员工的重要因素，尤其是新冠疫情继续构成公共安全风险，以及人们对城市和拥挤空间的恐惧挥之不去。我们必须记住，一些感染病毒风险较高的员工可能在近期内无法返回办公室，即使其他员工认定返回办公室是值得做的。

当然，有些员工数着日子，盼望能回到办公室。然而，同组织中的其他员工可能已经意识到他们更青睐远程工作，如果在他们目前的公司没有这种选择，他们更愿意到其他组织中寻求这样一份工作。对于那些在疫情期间从城市搬到郊区的员工来说，情况尤其如此，他们正与办公室渐行渐远。

作为领导者或领导团队，你将因此决定想要建立什么类型的组织，既要考虑特定业务的需求，也要考虑员工的需求。也许你会发现远程工作不适合公司，你愿意冒险与提供更多灵活性的组织竞争。也许你已经决定了基础设施成本和办公室的刻板制度对于团队的健康发展并非必要，整个团队未来将继续远程模式。

　　混合型组织似乎将变得越来越普及，员工既能够根据自己的意愿频繁地远程工作，同时又保留小型办公空间用于面对面的会议、协作和社交。这种结构将充分利用过去十年影响办公空间的旅馆式办公趋势，这种趋势在 WeWork 等共享办公场所公司的推动下十分流行。办公空间设计的目的是适应灵活的工作日程表和会议，而不是按人分配办公桌，Dropbox 已经成为这方面的先驱。这些办公空间的总占地面积较小，因为并非所有员工都同时在办公室工作。一个 100 人规模的公司只需要设计 50 人容量的办公室，因为任何一天都有大量员工居家工作。

　　探索混合型工作场所的领导者应该意识到，创建混合型职场和创建完全远程职场一样，需要深思熟虑，下足功夫。混合型工作本身就是一种策略，而不应没有策略。混合型组织必须设定明确的期望值和规范，规定员工何时可以远程工作，以及何时必须现身办公室。领导者需要仔细规划面对面的会议和协作，而不应在没有事先通知的情况下突然把员工叫到办公室。最关键的是，他们必须确保那些更经常居家工作的员工享有同样的机遇和获得表彰的机会。

一家之前采用办公室工作模式的组织，在疫情期间采用完全远程办公模式。不能仅仅为了取悦所有人，而采用混合模式作为一种折中办法。组织领导者必须确保这种方式能够实现利益最大化；创造既满足组织需求又满足员工需求的环境是很重要的。

　　组织下一步应该怎么办，目前还没有明确的答案。但是组织选择的战略需要吸引到你的员工，对业务及客户有意义，并且从文化设计和人才的角度来看是长期、可持续的。决定应该清晰明确，必须认识到无论你选择哪条路，都可能意味着会失去一些员工，他们要么是不认可新的战略或对新战略不感兴趣。这些都是可以接受的；你只需要为改变做好准备，清楚地树立起你的旗帜，而不是试图吸引所有人。请记住，对于任何一个组织来说，最不可能通向成功的道路往往是缺乏清晰的战略或合适的资源。

　　组织应该警惕的一件事是沉没成本谬误，即不能仅仅因为已经花费了大量资源就继续同一条道路。疫情带来了很多变化；整个行业和商业模式都发生了根本性的转变，人们集体认识到以前的一些假设是不正确的。仅仅因为你在办公室基础设施上投入了大量的时间、资源和精力，并不意味着面对面的工作就是未来的最佳途径。Hawke Media 的团队当然从未想过他们会欣然离开漂亮的新办公空间，这是他们文化的核心。卓越的组织者和领导者总能做出艰难但有利于未来业务的最佳决定；他们不会拘泥于过去行之有效的东西。在为组织或团队做出决策时，必须具有前瞻性，这点很重要。考虑到已经出现的变化及即将迎来的变化，扪心自问：下一个十年，公司的最佳路径究竟是什么？

这是商业上难得的机遇；大量组织同时面临着相同的岔路口。现在比以往任何时候都更有理由相信远程工作可以成为组织中永久性的固定内容，不管是从人员角度还是其他资源的角度来看都有好处。

正如我们从为本书分享故事的领导者和员工那里了解到，每个群体在决定未来工作模式时都发挥着重要的作用。很明显，倾向于远程工作的员工在未来将有更多的选择，而那些认为可以无限期地使用完全办公室工作模式的组织可能会面临应聘者数量越来越少的问题，这取决于行业。许多第一次尝试远程工作的员工都不想再回到办公室的工作岗位上。

居家工作可以让员工调整工作对生活其他关键方面的支配度。一些远程员工利用工作中新出现的灵活性，进行为期数周的旅行，白天工作，晚上和周末的时间探索新的地方。他们搬到不同的社区，不同的城市，甚至不同的国家，同时也不用担心通勤问题。享受自己设计的生活历来是很多人的梦想，而远程工作让这个梦想更容易实现。

即使是小规模的改变也是有价值的，比如多睡上一个小时，有意识地安排晨间作息，以及把中午下班后餐厅休息变成下午的慢跑或瑜伽课。这种权衡并非对每位员工都是有价值的，因为有些员工总是怀念办公室面对面的联系，但是，疫情的影响消散之后，上述益处将会吸引更多的人。

周围世界在变化，领导者不能因此手足无措，毫无准备；供给和需求的力量是强大的。尽管几十年来，郊区或城市中心办公室作为一种常态被接受，但组织现在需要考虑，远程办公对员工来说多具有诱惑力，尤其是随着员工年龄的增大，他们更渴望逃离城市。

纵观近代史，每一代人随着年龄的增长，成家立业，相比喧嚣的城市生活，他们更重视空间和周边的环境，同时也遵循着从城市到郊区的共同迁移路径。就连千禧一代也在追随这一趋势，他们这代人在结婚和拥有住房等里程碑事件上都受到了延缓，这是出了名的。根据布鲁金斯学会（Brookings Institution）的数据，千禧一代在郊区人口中所占的比例比在城市人口中所占的比例增长得更快。[1]

即使在远程工作并不常见的时候，这种趋势就已然出现了。

数以百万计的工人每天从郊区的家转移到城市的办公室。为确保享受郊区生活的空间和舒适度，以及工作选择不受限，通勤则成为必要的牺牲。日渐普遍的远程工作机会将带来许多以前无法体验的生活方式。那些经验丰富的员工，他们或 30 多岁，或 40 多岁，或 50 多岁，有的之前就想搬到郊区，有的已经搬到郊区。对于这些人来说，这种工作模式可以让他们免去通勤，选择更适合他们生活方式的远程工作。

我们应该乐于看到开发商和房地产中介大力推出带有多个办公空间的城市及郊区住宅，包括隔音功能、自然采光和下拉式绿色屏幕，这些元素可能成为双职工家庭购买房地产的基本条件。

我相信我们也会看到郊区到城市的桥梁被关闭。仍然有人会选择居住在城市，原因是他们大部分时间都想要在城市生活、社交和工作。对于那些放弃城市生活选择郊区生活的人来说，我相信他们对长途通勤不怎么感兴趣，更多的是想在他们居住的地方工作。这涉及一大批经验丰富的专业人士，他们担任管理和执行职务，颇受公司信赖。你的组织将如何做出调整以吸引和留住这批人？

新冠疫情是一种极端的异常现象，但领导者必须做好准备，迎接远程工作大幅增加的可能性，而这只是未来发展的部分内容。他们需要评估是否有必要过渡到部分远程模式或完全远程模式，以便在新的工作大军中争夺人才。也许最重要的是，他们需要评估自身的文化基础、流程、策略和基础设施，这样他们就可以确定需要做出何种改变才能在远程工作场所中健康成长。

虽然远程工作革命的速度很难判定，但我们有充分的理由相信，一切不会回到过去那种以办公室为主导的局面。择日不如撞日，你可以扪心自问：你和组织想要如何适应变化？

迎接远程工作革命

你可能已经注意到，本书中有相当一部分内容专门介绍了文化理念、步骤和流程的最佳实践，这是各类组织必需的，不管是远程组织还是其他类型的组织。事实是，远程组织若要欣欣向荣，所需的许多核心品质和所有卓越组织必备的关键特质是相同的。远程工作并不能改变这些内容。相反，远程工作会放大组织基本要素的优势和劣势。

如果你领导或效力的组织是建立在信任、尊重、卓越领导力、清晰明确的价值观和世界级运营流程之上，那么向远程工作转型时，你可能需要做的就是投资本书探索的新兴远程最佳实践和数字工具。如果你的组织缺乏明确的核心价值观，又具有微观管理领导力，招聘不善，并且公司的运营环境缺乏信任度和责任感，那么过渡到远程工作将非常困难。对于那些公司和团队来说，再多的工作效率提升建议或远程工作监控软件都无法帮助你的员工做到真正在远程工作中健康成长。

逆境不会改变我们的本质。更多的时候，它们揭示了我们的全貌，以及我们的能力范围。对于组织来说也是如此。你可能会突然意识到工作场所确实存在一些结构性问题，这些问题早在疫情之前就存在了，但当所有人居家工作时，这些问题就凸显出来了。对于那些希望保持影响力的组织来说，这才是需要真正付出努力的地方。

我们正处于工作方式领域的前沿。能够引领潮流、吸引最优秀人才的，是那些愿意客观地反思，能够做出必要的高层变革，寻求在充满流动性和虚拟化程度越来越高的世界中脱颖而出的组织。远程工作革命速度之快前所未有，即使疫情消退后，速度会放慢，也绝没有理由相信我们能够扭转这一进程。

十年后，每天在办公室工作对我们来说可能会像现在使用翻盖手机一样感到不常见。我们观念中"正常"的工作地点和工作方式可能会完全改变。本书中，我们使用了远程工作这样的术语来描述办公室之外的工作。将来我们对这术语的理解可能也会改变，我们会用同一个术语来指代我们在工作和职业生涯中所做的一切：工作。

　　建立人人都能健康成长的工作场所，可谓人人有责。我们不妨从现在开始。

注释

前言

1. Beth Braccio Hering, "Remote Work Statistics: Shifting Norms and Expectations," FlexJobs, February 13, 2020, https://www.flexjobs.com/blog/post/remote-work-statistics/.

2. Christopher Ingraham, "Nine Days on the Road: Average Commute Time Reached a New Record Last Year," Washington Post, October 7, 2019, https://www.washingtonpost.com/business/2019/10/07/nine-days-road-average-commute-time-reached-new-record-last-year/.

3. "Average Commute to Work Now Takes 59 Minutes: TUC Study," Sky News, November 15, 2019, https://news.sky.com/story/average-commute-to-work-now-takes-59-minutes-tuc-study-11861773.

4. "Indians Spend 7% of Their Day Getting to Their Office," Economic Times, September 3, 2019, https://economictimes.indiatimes.com/jobs/indians-spend-7-of-their-day-getting-to-their-office/articleshow/70954228.cms.

5. Philip Landau, "Open-Plan Offices Can Be Bad for Your Health," Guardian, September 29, 2014, https://www.theguardian.com/money/

work-blog/2014/sep/29/open-plan-office-health-productivity.

6. Brian Heater, "Twitter Says Staff Can Continue Working from Home Permanently," TechCrunch, May 12, 2020, https://techcrunch. com/2020/05/12/twitter-says-staff-can-continue-working-from-home-permanently/.

7. Chuck Collins, Dedrick Asante-Muhammed, Josh Hoxie, and Sabrina Terry, "Dreams Deferred: How Enriching the 1% Widens the Racial Wealth Divide," Institute for Policy Studies, 2019, https://inequality.org/wp-content/uploads/2019/01/IPS_RWD-Report_FINAL-1.15.19.pdf.

8. Greg Iacurci, "The Gig Economy Has Ballooned by 6 Million People since 2010. Financial Worries May Follow," CNBC, February 4, 2020, https://www.cnbc.com/2020/02/04/gig-economy-grows-15percent-over-past-decade-adp-report.html.

第一章 远程办公究竟是什么

1. Jared Spataro, "A Pulse on Employees' Wellbeing, Six Months into the Pandemic," Microsoft, September 22, 2020, https://www.microsoft. com/en-us/microsoft-365/blog/2020/09/22/pulse-employees-wellbeing-six-months-pandemic/.

2. Don Reisinger and Brian Westover, "What Internet Speed Do I Need? Here's How Many Mbps Is Enough," Tom's Guide, accessed December 14, 2020, https://www.tomsguide.com/us/internet-speed-what-you-need,news-24289.html.

3. Marisa Iallonardo, "Blue Light Glasses Can Improve Sleep Quality but You May Not Always Get What You Pay For," Insider, May 24, 2020, https://www.insider.com/do-blue-light-glasses-work.

第二章 如何将远程办公效益最大化

1. Cal Newport, "Why Remote Work Is So Hard—and How It Can Be

Fixed," New Yorker, May 26, 2020, https://www.newyorker.com/culture/annals-of-inquiry/can-remote-work-be-fixed.

2. Anne-Marie Chang, Daniel Aeschbach, Jeanne F. Duffy, and Charles A. Czeisler, "Evening Use of Light-Emitting eReaders Negatively Affects Sleep, Circadian Timing, and Next-Morning Alertness," Proceedings of the National Academy of Sciences of the United States of America 112, no.4 (January 27, 2015): 1232–37, https://doi.org/10.1073/pnas.1418490112.

3. Daniel H. Pink, Drive: The Surprising Truth about What Motivates Us (New York: Riverhead, 2009).

4. Liz Fosslien and Mollie West Duffy, "How to Combat Zoom Fatigue," Harvard Business Review, April 29, 2020, https://hbr.org/2020/04/how-to-combat-zoom-fatigue.

5. Manyu Jiang, "The Reason Zoom Calls Drain Your Energy," BBC, April 22, 2020, https://www.bbc.com/worklife/article/20200421-why-zoom-video-chats-are-so-exhausting.

6. Avery Hartmans, "Tech Companies Are Starting to Let Their Employees Work from Anywhere—as Long as They Take a Lower Salary," Business Insider, September 15, 2020, https://www.businessinsider.com/tech-companies-cutting-salaries-outside-bay-area-twitter-facebook-vmware-2020-9#:~:text=Software%20firm%20VMware%20will%20start,city%20like%20Denver%2C%20Bloomberg%20reports.

第三章 文化先行

1. "Welcome to the Learning Moment," Learning Moment, accessed December 15, 2020, https://thelearningmoment.net/welcome-to-learning-moment/.

2. Brian Scudamore, "This Visualization Technique Helped Me Build a $100M Business," Inc., October 21, 2015, https://www.inc.com/empact/this-

visualization-technique-helped-me-build -a-100m-business.html.

3. Robert Glazer, "Acceleration Partners Vivid Vision." Acceleration Partners, September 1, 2016, https://www.accelerationpartners.com/ acceleration-partners-vivid-vision/.
第五章　如何做好远程团队管理：引领团队，迈向成功

1. Kevin McSpadden, "You Now Have a Shorter Attention Span Than a Goldfish," Time, May 14, 2015, https://time.com/3858309/attention-spans-goldfish/.

2. Spataro, "Pulse on Employees' Wellbeing."

3. Benjamin Wallace, "Is Anyone Watching Quibi?," Vulture, July 6, 2020, https://www.vulture.com/2020/07/is-anyone-watching-quibi.html.

4. Laura Delizonna, "High-Performing Teams Need Psychological Safety. Here's How to Create It," Harvard Business Review, August 24, 2017, https://hbr.org/2017/08/high-performing-teams-need-psychological-safety-heres-how-to-create-it.

5. Richard Feloni, "Ray Dalio Started Bridgewater in His Apartment and Built It into the World's Largest Hedge Fund. Here Are 5 Major Lessons He's Learned over the Past 44 Years," Business Insider, July 2, 2019, https://www.businessinsider.com/ray-dalio-shares-top-lessons-from-career-at-bridgewater-2019-7?r=US &IR=T.

6. Lora Jones, "'I Monitor My Staff with Software That Takes Screenshots,'" BBC, September 29, 2020, https://www.bbc.com/news/business-54289152.

7. "Homeworking in the UK: Before and During the 2020 Lockdown," Understanding Society: The UK Household Longitudinal Study, September 14, 2020, https://www.under standingsociety.ac.uk/2020/09/14/homeworking-in-the-uk-before-and-during-the-2020-lockdown.

第六章　远程团队如何凝聚人心

1. Kathryn Vasel, "Dropbox Is Making Its Workforce 'Virtual First.' Here's What That Means," CNN Business, October 13, 2020, https://www.cnn.com/2020/10/13/success/dropbox-virtual-first-future-of-work/index.html.

展望　未来会是什么样

1. William H. Frey, "The Millennial Generation: A Demographic Bridge to America's Diverse Future," Metropolitan Policy Program, Brookings Institution, January 2018, https://www.brookings.edu/wp-content/uploads/2018/01/2018-jan_brookings-metro_millennials-a-demographic-bridge-to-americas-diverse-future .pdf.

致谢

感谢我在加速伙伴营销公司的优秀团队，包括马特·伍尔和埃米莉·特图，他们帮助我塑造了公司和文化，公司才有了今天的样子。

感谢米克·斯隆，感谢他耐心研究、不知疲倦、认真细致地编辑了这本书的初稿，使得这本书能在短时间里成书。

感谢理查德·派因，亚历克西斯·赫尔利，以及整个Inkwell Management 团队，感谢他们一直以来的支持和合作伙伴关系。

感谢我的编辑，梅格·吉本斯，感谢她一直以来对我的写作和新想法的支持。还要感谢多米尼克·拉卡赫、莉兹·凯尔施、摩根·沃格特、卡维塔·赖特、埃琳·麦克拉里和整个Sourcebooks 团队。

最后也是最重要的，谨以此书献给我的妻子雷切尔和我的三个孩子：克洛艾，马克斯和扎克。正是有了他们的爱、支持及包容，我才能够专注于我的写作，并试图发挥更大的作用。